특허로 말하라

특허로 말하라

초판인쇄 2020년 11월 30일
초판발행 2020년 11월 30일

지은이 신무연
펴낸이 채종준
기획·편집 유 나
디자인 서혜선
마케팅 문선영 전예리

펴낸곳 한국학술정보(주)
주 소 경기도 파주시 회동길 230(문발동)
전 화 031-908-3181(대표)
팩 스 031-908-3189
홈페이지 http://ebook.kstudy.com
E-mail 출판사업부 publish@kstudy.com
등 록 제일산-115호(2000. 6. 19)

ISBN 979-11-6603-180-9 13320

기율특허법률사무소
시리즈 02

SPEAK PATENT

특허로 말하라

신무연 지음

기업과 개인의 경쟁력을 높이는
세상 쉬운 특허 설명서

이담
Books

특허는 아는 만큼 보인다.
누구나 이해할 수 있는 특허 이야기를 하고 싶었다.

변리사로 일하면서 특허팀이 없거나 미비한 회사에서 특허출원을 실수하고 특허권 관리를 잘못하여 낭패를 당하는 일을 여러 번 보았다. 이 글은 특허팀을 별도로 두지 못한 중소기업의 대표나 생긴 지 얼마 되지 않는 특허팀의 실무자, 그리고 특허를 처음 접하는 일반인을 위해 썼다.

특허 관리를 잘못하면 아주 크게는 특허가 날아가고, 작게는 안 써도 되는 비용을 쓰게 된다. 특허관리를 잘하면 최소한의 비용을 써서 최대한의 효과를 낼 수 있다. 특허에 들어가는 비용은 보험비용과 마찬가지다. 가장 적절한 옵션으로 들어서 가장 큰 보호를 받으면 가장 좋다.

특허를 해외로 출원하는 경우에 번역이 미비해 좋은 특허가 쓰레기 같은 특허로 변신하는 것도 보았고, 해외대리인에게 지시를 잘못 내려 비용을 수천만 원 낭비하는 사례도 보았다. 이 정도면 다행이다. 출원 기간을 놓쳐서 아까운 기술을 보호받지 못하게 된 사례도 보았고, 출원 전에 잘못 공개해 버리는 바람에 특허받을 수 없게 된 사례도 보았다. 또한 수출을 하면서 수출할 국가에서 특허를 출원하지 않아, 너도나도 모방품을 만들어서 시장을 빼앗긴 사례도 있었다. 심지어 모방품이 먼저 실용신안특허를 내어 억울하게 시장을 빼앗긴 사례도 있었다.

이런 사례들에서 공통점으로 발견되는 사실은 '잘 몰라서'였다. 일부러 그런 것이 아니라, 기업 대표나 실무자들이 특허에 대하여 잘 몰라서 벌어진 일이다. 이러한 아쉬움을 달래기 위하여 이 책을 썼다. 가급적 어려운 용어를 배제하고 사례를 많이 들어 처음 특허를 접하는 사람도 이해할 수 있게 했다.

1장에서는 특허에 관한 상식들에 대해 소개하였다. 2장에서는 특허등록 과정에서 알아 두어야 할 점들에 대해 언급했다. 3장에서는 특허등록 이후 활용 팁들에 대해 소개하였고, 4장에서는 실제 특허 분쟁에서 벌어지는 일들과 상황에 맞는 대응 방법들을 설명하였다. 5장에서는 기업에서 특허 관리를 위해 알아야 할 점들을 설명하였으며, 마지막 6장에서는 우리나라가 아닌 해외특허의 출원 시에 주의해야 할 점에 대해서 기술하였다.

독자들은 이 책을 읽으며 특허가 무엇인지, 그리고 어떻게 만들고 활용해야 하는지를 알 수 있을 것이다. 특허가 아직도 어려운 이들에게 조금이나마 도움이 되었으면 하는 바람이다.

저자

신석열

Part

6

글로벌 시대에
꼭 알아야 할
해외특허 특강

Part 01

대체
특허가
뭐길래

특허의 탄생

⌄

베니스 특허법의 탄생

1421년, 이탈리아 피렌체에는 디 리포 브루넬레스키(Filippo Brunelleschi)라
는 유명한 건축가가 있었다. 그는 피렌체의 두오모 성당에 강을 통해 대리
석을 수송하기 위해 고안된 바지선 발명을 했는데 그 대가로 왕으로부터 독
점권을 부여받았다. 이 독점권에는 어느 누구도 브루넬레스키의 동의 없이
3년간 피렌체에서 새로운 수상 운반 도구를 소지하거나 작동시킬 수 없다
는 조항이 들어 있었다.

당시는 르네상스 시기였는데 이탈리아 도시국가에서 시장경제의 발달과
상공업 발달이 중요하게 여겨지고 있었다. 영토 내에 새로운 산업을 발전시
켜야 하는 때였으므로 여러 국가에서 기술혁신을 할 수 있는 사람들을 원하
고 있었다. 그래서 이들을 붙잡기 위해 왕은 개인에 대한 독점권을 부여하
기 시작했다.

1474년에 이르러 이탈리아의 베니스 공화국은 현대 특허의 모태가 되는 베니스 특허법을 정식으로 제정하기에 이르렀다. 베니스 특허법은 보호받을 발명은 새로워야 하고, 주어진 독점권의 지역과 기간이 제한되어야 하며, 침해에 대한 구제방법이 제공된다는 3가지 핵심 개념을 제시했다. 특허제도의 시작이었다.

영국 산업화의 숨은 공신

현대적인 의미의 특허는 영국에서 탄생했다는 설이 일반적이다. 1449년 영국에서는 국왕 헨리 6세가 착색유리 제조업자에게 20년간의 독점 제조권을 주었다. 이와 같이 시작된 영국식 특허의 형태는 왕실이 돈을 받고 특허권을 파는 방식으로 남용되었다. 이를 방지하기 위해 영국 의회는 1623년 '전매조례(Statute of Monopolies)'을 통과시켜 왕실의 특허권 발생권한을 축소시켰다. 이로써 영국 최초의 특허법이 만들어졌다.

영국은 특허제도를 도입하기 전까지 다른 유럽 국가들에 비해 상대적으로 공업기술이 낙후되어 있었다. 하지만 특허제도의 도입 이후, 많은 유럽의 기술자들을 영국으로 데리고 올 수 있었다. 영국은 곧 발명가들의 산실이 되었다. 방적기의 존 케이, 제니방적기의 하그리브스, 수력방적기의 아크라이트, 증기기관의 뉴커먼과 제임스 와트, 증기기관차의 스티븐슨 등은 18세기 산업혁명의 원동력이 되었다.

미국 성공 스토리의 초석

특허제도의 중요성을 일찍부터 깨달은 미국은 영국으로부터 독립한 직후인 1790년에, 특허제도를 정식으로 도입했다. 비행기의 라이트형제, 전구의 에디슨, 자동차의 헨리 포드, 전화의 알렉산더 그레이엄 벨, 교류전기의 테슬라 등 새로운 산업을 주도한 이들이 속속 탄생한 것도 특허제도가 낳은 결과라고 할 수 있다.

짧지만 강한 한국의 특허역사

한편, 한국의 특허역사는 이들에 비하면 매우 짧은 편이다. 1908년(순종2년)에 특허령 제정으로 특허제도가 처음으로 도입되었으나, 1910년 국권피탈로 일본의 특허법을 사용하게 되었다. 그리고 1945년 광복 후 특허원이 1946년에 설립되면서 비로소 한국의 특허제도가 본격적으로 시행되었다. 비록 특허제도의 도입이 늦었지만, 한국은 현재 세계에서 가장 특허출원 수가 많은 IP5[1]의 한자리를 당당히 차지하는 중이다.

---

1   전 세계에서 특허출원을 가장 많이 하는 5개의 국가 특허청을 지칭함

특허 독점권

베니스 공화국 사례에서 알 수 있듯이, 특허는 '국가에 대해 공헌한 발명가를 위한 독점권'의 성격을 가진다. 국가는 특허권이라는 독점권을 발명가들에게 보장함으로써 발명가들이 연구개발을 계속하도록 장려한다. 국가가 독점적인 권리를 인정해주지 않는다면 어느 누구도 먼저 기술을 개발하려고 하지 않을 것이다. 다른 사람이 하는 것을 보고 베끼면 연구개발비를 드라마틱하게 줄일 수 있기 때문이다. 아주 공익적인 성격을 가진 집단이나 세상을 위해 자신을 희생하려는 마음을 가진 개인을 제외한다면 말이다.

특허가 공개되는 이유

특허출원이 된 발명은 출원일로부터 1년 6개월이 지나면 자동으로 공개된다. 특허출원을 통한 발명의 공개는 모든 이들이 그 기술을 알 수 있게 하므로, 기술과 산업의 발전을 촉진하는 원동력이 된다. 특허는 새로운 발명을 공개하여 기술이나 산업발전에 공헌한 대가로 부여되므로, 특허출원한 발명이 기존에 있었던 것과 동일하거나 그와 별반 차이가 없다면 특허를 받지 못한다.

국가는 특허출원을 해서 발명을 공개시킨 이들에 대하여 일정기간(20년)의 특허권을 부여하는데, 특허를 받으면 그 기간 동안 특허권자만 특허발명을 사용할 수 있다. 특허권자는 발명을 공개하는 대신 독점권을 얻게 된다. 이 독점권은 특허권자로 하여금 경쟁에서 아주 유리한 위치를 차지하게 한다.

만약 특허를 받지 않고 제품을 개발하거나 생산해서 판매하면, 최근 추세로 볼 때 수개월 내에 경쟁업체들이 동일한 기능을 가진 복제품을 만들어 시장에 내놓는다. 그러나 특허를 받는다면 경쟁자는 복제품을 일정기간 동안 만들지 못하므로, 그 기능을 가진 제품을 특허권자가 독점할 수 있다.

예를 하나 들어보자. 2014년, 르노삼성은 LPG차량을 위한 도넛탱크를 약 200억 원을 들여 개발했다. LPG차량의 가스통을 트렁크 하단의 스페어타이어 공간에 장착하여, 트렁크 공간을 기존 가스차량에 비해 40% 넓힌 기술이다. 이 기술은 2015년 르노삼성 차량에 도입되었다. 이로 인해 르노삼성의 LPG차량을 구매하는 소비자의 수요는 지금도 계속 증가 추세다. 그렇지만 다른 제조사에서는 현재(2020년)까지도 이 기술을 사용하지 못하고 있다. 바로 르노삼성이 이를 개발하며 취득한 특허권 때문이다. 이와 같이 특허권은 제품의 차별성을 지켜줄 수 있다. 만약 르노삼성에 특허권이 없었다면 2015년 말에 이미 동일한 기술이 다른 회사의 차량들에 적용되었을 것이다.

이렇듯 특허제도는 '기술을 공개하여 기술과 산업발전에 이바지한 사람이 그 기술을 일정기간 독점하게 하는 제도'라는 말로 요약할 수 있다. 국가와 발명자가 모두 이익을 보는 '윈윈전략'인 것이다.

내 특허인데 사용할 수 없다고요? 03

특허 배타권

≫

"제가 그들의 특허를 침해한다는 경고장을 받았습니다. 그런데 저도 특허를 가졌는데, 어떻게 침해입니까?" B기업으로부터 경고장을 받은 A기업의 대표가 내 사무실에 들러 억울함을 토로한 적이 있었다. 자주 겪는 상황이다. 이러한 억울함은 특허의 본질에 관한 오해에서 발생한다.

앞에서 특허권은 독점권이라고 했다. 이 독점권은 자신의 특허발명을 다른 이가 실시할 수 없게 한다. 즉, A발명에 대해 특허로 등록을 받으면 A발명을 그 누구도 실시(생산, 판매 등의 행위)[2]하지 못하도록 할 수 있다. 그러나 A발명에 대한 특허가 있다고 해서 A발명의 특허권자가 A발명을 자유롭게 실

---

2   발명의 '실시'란 물건의 발명인 경우 물건을 생산·사용·양도·대여 또는 수입하거나 그 물건의 양도 또는 대여의 청약을 하는 행위를, 방법의 발명인 경우 그 방법을 사용하는 행위를, 제조방법 발명인 경우 그 제조방법에 의해 생산된 물건을 실시하는 행위를 말한다.

시할 수 있다는 의미는 아니다.

특허의 배타권

좀 더 정확하게 말해보자. 특허권의 본질은 배타권이다. 특허는 자신의 특허발명을 다른 이가 실시할 수 없게 할 뿐, 자신의 특허발명의 실시를 보장하는 허가증이 아니다. 그 이유는 자신의 특허발명 이전에 수많은 특허들이 쌓여 있기 때문이다. 스마트폰 1개에는 대략 7~8만 건의 특허가 얽혀 있다. 그래서 자신이 스마트폰 특허 중 1개를 획득했더라도, 스마트폰을 자유롭게 생산·판매할 수는 없다. 그렇게 하기 위해서는 스마트폰에 이미 존재하는 특허들을 회피하거나 사용허락(라이센싱)을 얻어야 한다. 내가 스마트폰의 카메라를 통해 사용자를 0.1초만에 인식하는 기술을 특허 받았다고 하더라도 기존 스마트폰 카메라 특허권자의 허락이 필요할 수 있다는 의미이다.

최초의 특허는 앞서 설명한 이탈리아의 사례처럼 완전한 독점권을 의미했을 것이다. 특허제도의 도입 초기에 대부분의 발명특허는 그 이전에 특허가 존재하지 않았던 원천특허였기 때문이다. 그렇지만 특허의 수가 많아지면 나중에 생긴 특허는 먼저 나온 특허를 이용하게 되는 개량특허일 수밖에 없다. 따라서 특허법에서는 선행특허와의 이용저촉관계를 규정하고 있다.

> 특허법 제98조(타인의 특허발명 등과의 관계)
> 특허권자는 특허발명이 그 특허발명의 특허출원일 전에 출원된 타인의 특허발명을 이용하는 등의 경우, 그 허락을 받지 아니하고는 자기의 특허발명을 업으로 실시할 수 없다.

후출원 특허권자의 특허발명이 선출원된 특허를 이용한다면 선출원 특허권자의 허락을 받아야만 실시할 수 있다는 뜻이다. 그러므로 내가 어떤 발명에 대하여 특허를 받았기 때문에 특허침해가 발생하지 않는다는 논리는 옳지 않다. 기존에 등록된 다른 이의 특허와의 침해문제는 별개로 검토해야 한다.

특허권의 획득과 침해회피는 무관하다는 사실을 강조하고 싶다. 그러므로 침해회피는 특허권 획득과는 별도로 전략을 짜야하는 사안이라는 점을 알아야 한다.

특허 속지주의

≫

한국에 특허를 내면 그 특허가 미국이나 유럽에서도 인정이 될까? 인정되지 않는다. 한국에만 그 권리가 유효할 뿐이다. 반대로 미국의 특허권도 한국에서는 아무런 권리도 가지지 못한다. 이것이 바로 특허의 특징 중 하나인 속지주의이다. 속지주의는 '로마에 가면 로마법을 따른다'로 이해할 수 있다. 마찬가지로 특허도 각 국가의 특허법을 따라야 한다.

해외 국가들에 대한 특허권이 필요할 경우, 필요한 해외 국가에 각각 특허권을 얻어야 한다. 그래서 해외 여러 국가에 대한 특허를 취득한다는 것은 상당히 번거롭고 비용이 많이 드는 일이다. 그렇지만 그 번거로움이나 비용을 이유로 해외에 특허출원을 하지 않은 기업의 사례를 살펴보자.

사례 1 - 수출이 막히다

A기업의 제품은 우수한 기술력을 인정받아 국내에서 조달청 우수제품으로 선정되어 계속 판매가 늘어나는 추세였다. 이를 발판으로 삼아 독일과 미국에도 수출하려고 시도했다. 마침 제품에 대한 바이어들의 반응도 좋았다. 그런 중 바이어들이 특허가 있냐고 묻자, 한국 특허증을 보여줬다. 그러나 바이어들은 자신들의 국가에 대한 특허를 요구했다. 그런데 A기업은 해외특허출원의 시기를 놓쳐서 그 제품에 대한 해외 특허를 받을 수 없었다. 결국 해외에 수출을 할 수 없었다.

사례 2 - 합작에 실패하다

B기업 역시 한국에서만 페인트에 대한 특허를 취득해 놓고 있었다. 도로 페인트에 대한 것이었는데 라이트를 반사해서 야간에도 분명하게 인식이 되는 좋은 제품이었다. 최근 중국에서 합작회사를 만들자는 제안이 들어왔다. B기업이 기술을 투자하고, 중국 회사가 자본과 인프라를 투자해서 중국에 판매하자는 제안이다. 그런데 B기업은 고민이 생겼다. 그 페인트에 대한 기술은 중국회사가 하루, 이틀만 배합과정을 보게 되면 재현해 낼 수 있는 기술이었다. 그래서 합작회사를 만든 후 배신당할 우려가 있었다. 깊은 고민에 빠졌다. 중국에 특허권이 있다면 좋을 텐데, 이미 출원 시기를 놓쳐 특허를 받을 수 없었다.

사례 3 - 기술 독점 기회를 놓치다

국제적 기업인 T사는 자신들의 골프공에 대한 특허를 십여년 전부터 미국, 일본, 유럽에만 출원해 놓고 있었다. 그런데 T사의 골프공은 한국에서 수년 전부터 불타나게 팔리고 있었다. 그러자 경쟁사들이 T사의 골프공을 모방하기 시작했다. 그렇지만 T사는 한국에 특허를 등록받지 않아서 모방 제품에 대해서 침해를 주장할 수 없었다. 결국 미국에서 성능으로 인정을 받은 T사가, 한국시장에서는 성능차이를 부각시킬 수가 없었다. T사의 골프공은 브랜드 마케팅에만 의존하여 판매를 유지하고 있을 뿐이다. T사는 십 년 전, 한국에 특허를 출원하지 않은 사실을 후회했지만 이미 시기를 놓쳐 엄청난 이익을 놓치고 말았다.

이처럼 특허를 해외 특정국가에 취득하지 않아서 후회한 사례는 이루 헤아릴 수 없이 많다. 특허권은 국가마다 유효한 권리이다. 그리고 그 취득시기에는 명확한 제한이 있다.

이 사례들을 통해 볼 때, 국내 특허출원할 때부터 사업이 장차 해외로 확장될 수 있을지에 대한 고민이 먼저 우선되어야 한다. 지금 당장이 아니라 하더라도 나중에 특정 국가에서 사용될 가능성이 있다면, 그 국가에 특허출원을 반드시 해놓아야 한다. 특허는 국가마다 별개라는 사실을 기억해 두자.

특허의 조건은 무엇인가요? 05

발명의 특허적격

⌄

얼마 전 '에너지 고갈 걱정 없는 신개념 무한동력 영구기관 개발 성공'이란 제목의 신문기사를 보았다. 그 기사에는 그 무한동력 영구기관에서 최초로 발명한 발명가의 이름과 전화번호가 적혀 있었다. 또한 영구기관의 장점을 설명하며 '1년 전에 특허출원을 했고, 현재 국제특허출원도 출원 중'이라고 보도되고 있었다.

이 특허출원은 등록이 될 수 있을까? 발명의 내용을 살펴볼 필요도 없이 이 특허출원은 등록될 수 없다. 무한동력 영구기관을 출원하고 이를 거절하는 사례는 몇 백 년 전부터 계속 이어져 내려왔다. 프랑스는 1775년부터 무한동력 영구기관에 대한 특허출원을 아예 막아버렸다. 미국은 무한동력기관의 실물을 가지고 오지 않으면 받아주지 않는다. 우리나라도 마찬가지다. 무한동력 영구기관은 열역학 보존법칙에 위배되어 자연법칙에 위배된다는

특허로 말하라

이유로 특허를 내주지 않는다. 이렇듯 어떤 발명은 시작부터 특허를 받을 수 없다.

반면 이런 것도 특허가 되는구나, 하게 만드는 발명도 있다. 미국에서 '골프공을 퍼팅하는 방법'이라는 명칭으로 등록된 특허(US 6296577 B1)를 보자. 권리를 청구하고 있는 청구항을 살펴보면 골프클럽을 선택하는 단계, 퍼터를 잡는 단계, 플레이어의 상체를 피봇(회전)하는 단계 등으로 구성되어 있다. 골프공을 더 정확하게 퍼팅하기 위한 퍼팅방법을 기술한 발명이다.

특허 등록의 기본 조건

그렇다면 어떠한 발명이 특허를 받을 수 있고, 어떤 발명이 특허를 받을 수 없을까?

첫째, 발명이 특허법상 발명의 대상이 되어야 한다. 이 요건을 '발명의 성립성'이라 한다. 발명의 정의는 '자연과학을 이용한 기술적 창작으로서 고도(高度, 수준이나 정도 따위가 높거나 뛰어남을 말함)한 것'이다. 그러므로 자연법칙 그 자체는 특허를 받을 수 없다. '만유인력의 법칙', '에너지 보존 법칙' 등은 자연법칙 자체이므로 특허를 받을 수 없다. 자연법칙에 위반되는 발명도 특허를 받을 수 없다. 또한 영구기관도 열역학 법칙에 위반되므로 특허를 받을 수 없다. 자연법칙을 이용하지 않은 것도 특허를 받을 수 없다. 단순한 영업 방법 자체, 여자를 유혹하는 방법, 속독법 등 자연법칙을 이용한 것이 아니므로 이 또한 특허를 받을 수 없다.

영업방법은 원칙적으로 특허의 대상이 아니지만 컴퓨터 기술 등과 결합한다면 특허의 대상이 된다. 영업방법(BM) 특허 중 유명한 것으로는 미국 프라이스라인사(社)의 '역경매방법특허'가 있다. 이 시스템에서 소비자는 불특정 판매자로부터 항공기 티켓 등을 구매하기 위해 '조건부 구매 청약'이라는 요청을 하며, 소비자의 신용카드는 이 청약을 보증한다. 프라이스라인사는 이 청약을 다수의 판매자에게 제공하고, 판매자는 이 요청을 수락하거나 거절한다. 판매자가 요청을 수락하는 경우 구매자와 판매자 간의 거래가 성립한다는 내용이다.[3] 단순한 역경매 방법 자체라면 특허를 받을 수 없었을 테지만 컴퓨터시스템과 결합하여 특허를 받은 좋은 사례다.

둘째, 산업적으로 이용이 가능한 발명이어야 한다. 산업적으로 이용될 가능성이 전혀 없는 발명은 특허를 받을 수 없다. 이 요건을 '산업상 이용가능성'이라 한다. 지구를 캡슐로 씌워서 자외선을 차단한다는 발명 등이 그 예이다.

셋째, 이미 공개된 발명이 아니어야 한다. 즉 어떤 발명이 특허를 받으려면 그 발명은 그 이전에 일반 공중에 알려지지 않은 신규의 것이어야 한다. 이러한 요건을 '신규성'이라 한다. 특허가 발명을 공개한 대가로서 독점권을 부여하는 것이 특허라는 것을 기억하는 이는 이 요건을 이해할 수 있을 것이다.

---

3 http://blog.naver.com/skfoei/120107162447

넷째, 기존에 공개된 발명으로부터 쉽게 발명할 수 있는 것이 아니어야한다. 즉 특허를 받으려면 그 발명이 기존의 기술보다 발전된 것이어야 한다. 이러한 요건을 '진보성'이라 한다. 특허등록에 있어서 항상 가장 큰 걸림돌이 되는 요건이다. 중간사건에서 심사관이 발행하는 거절이유통지서에서는 이미 공개된 기존 기술을 인용하며, 현재 출원된 발명이 이미 공개된 기존 기술로 인해 쉽게 도출될 수 있어서 진보성이 없다고 언급하는 경우가 많다.

다섯째, 공공의 질서나 선량한 풍속을 해칠 염려가 있는 발명, 그리고 공중위생을 해칠 염려가 있는 발명도 특허를 받을 수 없다. 그래서 발명을 실행할 때 인체를 손상시키거나 신체의 자유를 비인도적으로 구속하는 발명은 특허의 대상이 아니다. 예를 들면 사람의 귀를 뚫는 방법이나 사람을 가두는 방법 등이 해당된다. 또한 도덕적으로 비난의 대상이 된다면 이에 해당할 가능성이 높다. 예시로 법원은 '인간의 보양을 위한 웅담의 채취구로서, 담즙의 채취를 위해 살아 있는 곰의 신체 일부(간)에 삽입되어, 일정기간 부착되어 있어야 하는 것은 특허를 받을 수 없다'고 보았다. 성보조기구도 이와 마찬가지로 특허를 받을 수 없다고 보았다.

이처럼 특허의 대상이 될 수 있는 발명과 될 수 없는 발명은 처음부터 정해져 있는 편이다. 변리사로 일하면서 특허가 될 수 없는 이론이나 개념을 특허 받을 수 있다고 생각하는 분들과, 특허 받을 수 있는 발명인데도 속으로만 고민하고 계시는 분들을 자주 보았다.

그래서 특허가 가능한지 여부는 혼자 고민하는 것보다는 전문가와 상담을 권한다. 10분 동안의 상담이 오랜 고민을 줄여줄 수도 있고, 특허를 받지 못했을 아이디어를 특허받게 만들 수도 있다.

실용신안과는 어떤 차이가 있나요? 06

고도성과 최근 등록 경향

≫

실용신안은 등록이 쉬울까?

특허출원과 실용신안 출원의 차이에 대해 알아보자. 특허는 자연법칙을 이용한 기술사상의 창작으로써 고도(高度)한 것인 발명을 대상으로 한다. 실용신안은 자연법칙을 이용한 기술사상의 창작으로써 산업상 이용할 수 있는 물품의 형상, 구조 또는 조합에 관한 고안을 대상으로 한다. 고안은 발명과 달리 '고도'라는 말이 없으므로, 발명보다 난이도가 낮은 것으로 취급된다. 그래서 실용신안 제도에 대해 알고 있는 사람들은 "실용신안 출원을 하고 싶어요"라고 말한다. 그러면 실용신안으로 출원하면 더 쉽게 등록받을 수 있을까?

반드시 그렇지만은 않다. 과거에는 국내에서 실체심사 없이 실용신안 출원이 가능했다. 특허청에서 실용신안 선등록제도를 통해, 실체심사를 하지 않은 방식이나 기초적 요건만을 심사하여 등록을 해주었던 것이다. 그러다가 2006년 10월부터 출원된 실용신안 출원에 대해서는 실체심사를 하는 것으로 제도가 변경되었다.

그러므로 특허 등록보다 실용신안 등록이 월등히 쉬웠던 시절은 끝났다. 실용신안은 특허에 비해 진보성의 판단기준이 낮아서 조금 더 쉬운 발명이어도 등록이 가능한 것이 원칙이었다. 하지만 현재 한국 특허청에서는 실무적으로 큰 차이를 두고 있지 않다. 또한 실용신안을 출원할 때는 그 대상이 물품의 형상이나 구조가 있는 것에 한정된다는 것에 주의해야 한다. 그래서 제조방법, 비즈니스 방법(BM), 화학, 바이오 등의 형상이 없는 발명은 특허로 출원해야 한다.

그래서 최근 대부분의 특허사무소에서 실용신안보다는 특허출원을 권하는 일이 많다. 등록까지의 난이도가 비슷하다면 10년간만 권리가 유지되는 실용신안보다는 20년 동안 권리가 유지되는 특허가 바람직하기 때문이다. 다만, 관납료(특허청에 내는 수수료) 부분에서는 실용신안이 특허보다 절반 정도로 저렴한 장점이 있다. 그러므로 국내에서는 특별한 사정이 없으면 실용신안보다는 특허출원을 권장한다.

해외의 실용신안 현황

다른 나라의 실용신안은 어떻게 이루어지고 있을까? 우선 미국은 실용신안제도를 아예 운영하지 않고, 특허와 실용신안을 포괄하는 기술특허(Utility patent)만 운영하고 있다.

중국으로 특허출원을 하는 경우에는 실용신안출원을 권하는 편이다. 중국이 아직까지도 실용신안출원에 대해서 실체심사 없이 등록을 시켜주고 있기 때문이다. 실체심사가 없으므로 등록까지의 비용도 특허 비용의 1/3 정도로 낮고, 등록받은 경우 무효율도 낮은 편이다. 이에 따라 외국기업들도 최근 중국에 특허출원보다 실용신안출원의 비율을 계속 늘리고 있다.

참고로 일본도 실용신안에서 무심사주의를 취하고 있다. 그러므로 일본에서도 실용신안을 고려해 볼 필요가 있다. 다만 존속기간이 짧고, 일본에서는 실용신안권자가 실용신안기술평가서를 제시해야만 침해자 등에 대해 실용신안권을 행사할 수 있는 등 제약이 있다.

디자인도 특허를 낼 수 있나요? 07

디자인 특허

≫

특허와 디자인은 밀접한 관련이 있다. 하나의 제품이 특허가 되기도 하고, 디자인이 되기도 하기 때문이다. 특허법과 디자인보호법은 각각 다음과 같이 정의하고 있다.

'발명'이란 자연법칙을 이용한 기술적 사상의 창작으로써 고도(高度)한 것, 그리고 '특허발명'이란 특허를 받은 발명을 뜻한다(특허법2조).

'디자인'이란 물품 및 글자체의 형상·모양·색채 또는 이들을 결합한 것인데 시각을 통하여 미감(美感)을 일으키게 하는 것을 뜻한다(디자인보호법 2조).

미국은 특허를 발명특허(utility patent)라고 하며, 디자인을 디자인특허

(design patent)라고 하여 구분한다. 용어를 명확하게 하기 위해 이 장에서는 발명특허와 디자인특허로 구분하여 지칭하겠다.

보호 대상의 차이

앞에서 정의된 대로 발명특허와 디자인특허는 서로 보호하는 대상이 다르다. 발명특허는 물건의 기능성을 보호하고, 디자인특허는 물건의 심미성을 보호한다. 쉽게 말해 운동화에서 충격을 흡수하는 기능, 땀을 흡수하는 기능, 빨리 건조되는 기능 등은 발명특허로 보호된다는 것이고. 그리고 사람들에게 미감을 일으키는 특징, 즉 운동화의 외적 형상은 디자인특허로 보호된다는 뜻이다.

그렇다면 디자인특허와 발명특허는 동시에 받을 수 없을까? 그렇지는 않다. 미감을 가지고 있으면서도 기능성을 가지고 있는 것들은 두 가지 모두보호를 받을 수 있다. 타이어의 무늬는 타이어와 도로면 사이의 마찰력을조절하거나, 소음을 줄이거나, 심지어 자동차의 연비를 좋게 하므로 기능성을 가진다. 이런 경우, 당연히 발명특허의 대상이 된다. 또한 이 무늬에 의해타이어에 미감이 형성될 수 있으므로 당연히 디자인특허의 대상이 될 수 있다. 실제로 국내외의 유명한 타이어 회사들은 자사의 타이어 무늬들에 대해발명특허등록 뿐만 아니라 디자인특허등록까지 상당수 받아 놓고 있다. 또한 스마트폰의 UI는 발명특허의 대상이 되는 동시에 디자인특허의 대상이된다. 삼성과 애플 모두 스마트폰 UI에 대해 특허뿐만 아니라 디자인등록을받고 있다.

비용의 차이

일반적으로 발명특허의 출원과 등록비용은 디자인특허의 최소 수배에 이른다. 발명특허의 출원을 위한 명세서 작성에 많은 시간이 소요되어 대리인 비용이 비싸고, 발명특허의 심사에 소요되는 시간이 길어 특허청 비용도 높기 때문이다. 또한, 디자인 개발비보다 연구개발비가 많이 드는 것이 일반적이므로 디자인의 완성까지의 비용보다 발명 완성까지의 비용이 높은 편이다.

발명특허 VS 디자인특허

그러면 발명특허권은 디자인특허권보다 강력할까? 꼭 그렇지는 않다. 애플과 삼성의 소송에서 삼성을 궁지로 몰고 간 애플의 특허는 디자인특허였다. 미국에서 벌어진 침해소송 1심에서 법원은 삼성전자가 애플의 ①모서리가 둥근 검은 사각형을 적용한 디자인 특허(D677) ②액정화면에 베젤(테두리)을 덧댄 디자인 특허(D087) ③계산기처럼 격자 형태로 애플리케이션을 배열한 디자인 특허(D305)를 침해했다고 판결했다.

반면 삼성은 데이터 분할 전송, 전력제어, 전송효율, 무선데이터 통신 기술에 기초한 발명특허권으로 공격했지만 애플은 이 발명특허들이 대부분 표준기술임을 이유로 들어 반박했다. 표준특허권자가 지켜야 하는 FRAND 원칙[4]에 따르면, 표준특허로는 라이선스료를 받을 수 있을 뿐, 사용금지를

---

4 'FRAND'는 Fair, Reasonable and Non-Discrimination(공정하고, 합리적이고, 비차별적인)을 의미한다. 해당 업계에서 이미 표준이 된 특허기술을, 특허권리자가 경쟁사에게 차별적인 사용조건을 적용해 발생할 수 있는 시장 불공정 행위를 막는 것을 목적으로 한다.

요청할 수는 없기 때문이다.

　이처럼 디자인특허가 발명특허에 비해 약한 것은 아니다. 각자의 장단점이 있다. 디자인특허의 경우 발명특허에 비해 등록이 더 수월하다. 다만, 침해판단에 있어서 외형의 유사여부를 요건으로 하기 때문에 상대방이 디자인·모양을 적당히 변경하는 정도로 침해를 회피할 수 있는 문제가 있다.

　반면 발명특허가 등록된 경우, 특허청구항에 있는 구성요소를 모두 포함하는지에 따라 침해여부가 정해진다. 그러므로 디자인·모양이 유사하지 않아도 특허침해가 가능하다. 다만 특허의 경우 구성요소를 하나라도 제외시키는 것으로 회피를 하거나, 표준특허임을 주장하여 라이선스료만을 낼 수 있다는 약점이 있다.

디자인권 등록 실패 사례 - 이보크와 랜드윈드X7
디자인권을 등록받는 것에 실패하면 어떤 일이 벌어질까.

레인지로버 '이보크'(위)와
중국 루펑자동차 '랜드윈드X7'(사진=바이두)

제시한 사진에서 위는 랜드로버에서 만든 레인지로버 '이보크'이고 아래는 중국 루펑자동차에서 만든 '랜드윈드 X7'이다. 랜드윈드의 가격은 이보크의 1/3 내지 1/4 수준이다. 그런데도 랜드로버가 랜드윈드에 대해 강력한 제재를 취하지 못하는 이유는 랜드로버의 중국 이보크 디자인권에 흠결이 있기 때문이다. 이보크 디자인은 2011년 11월, 중국에 출원했는데 이미 2010년 12월에 박람회에서 공개하여 디자인이 무효가 되어 버렸다. 반면 랜드윈드는 랜드로버보다 늦게 출원했지만 중국에 유효한 디자인권을 가지고 있었다. 그래서 랜드로버가 그 디자인의 원조이지만 적어도 중국시장에서 디자인권으로 전쟁을 한다면 이길 수 없다. 이 사안에서 랜드로버는 부정경쟁행위를 이유로 수년이 흐른 후에야 승소할 수 있었다.

정리하면, 개발한 제품 중 심미성을 갖는 외관이나 형상은 디자인으로 보호하고, 기능성에 대해서는 특허로 보호해야 한다. 그래서 개발한 제품이 기능성뿐만 아니라 심미성이 있는 형상을 가진다면, 권리의 충분한 보호를 위해 특허와 디자인을 모두 출원하는 것이 바람직하다. 이중의 보호를 받을 수 있기 때문이다.

원천특허

≫

원천특허는 원천기술에 대해 취득한 특허를 의미한다. 기존에 풀리지 않는 기술적 문제점을 해결하거나 전혀 생각하지 못했던 발명품을 고안했을 때 원천특허가 탄생할 수 있다.

역사 속의 원천특허

1876년, 알렉산더 그레이엄 벨은 전화기에 대한 특허를 신청하고 특허증을 받았다. 전화기에 대한 최초의 발명자가 누구인가에 대한 논란은 많지만, 전화기에 대한 최초의 특허권자가 벨이라는 것은 부정할 수 없다. 1871년에 안토니오 무치는 전화기에 대한 임시 특허출원(provisional patent application)을 했지만 비용 문제로 정식 특허출원을 하지 못했다.

한편, 엘리샤 그레이는 벨과 동일한 날에 전화기에 대한 특허를 출원했으나 벨보다 2시간이 늦었다. 결국 벨이 특허를 받게 되었다. 벨의 전화기 특허는 원천특허의 전형적인 예이다. 이 특허에 대한 대가로 벨은 엄청난 부와 명성을 한꺼번에 얻었다.

일본 나카무라 슈지 교수의 청색 LED도 유명한 원천특허의 한 사례다. 청색 LED는 오랜 기다림 끝에 탄생했다. LED업계에서는 하얀색 조명을 오랫동안 사용할 수 없었다. 적색, 녹색, 청색의 3가지 색상을 혼합해야 하얀색 조명을 만들 수 있었는데, 청색 LED의 개발이 오랫동안 기술적으로 해결되지 않았기 때문이다. 10년 이상 풀리지 않던 기술적 난제였다. 그런 중 일본의 니치아화학이라는 작은 회사에서 무명의 나카무라 슈지라는 사람이 수년간 연구실에서 연구한 결과, 1992년 청색 LED 개발에 성공했다. 이 청색 LED에 대해 특허를 등록받았음은 물론이다. 특허의 소유권은 직무발명 계약으로 인해 니치아화학으로 넘어갔고, 니치아화학은 수 년 만에 세계적인 회사로 성장할 수 있었다. 한편 나카무라 슈지는 LED 개발의 공로로 2014년에 노벨상을 받았다.

퀄컴의 CDMA특허 또한 대표적인 원천특허의 한 사례다. 1985년에 설립된 퀄컴은 CDMA 휴대전화, 기지국 및 칩을 제조하기 시작했다. 나아가 무선 기술의 개발 및 라이선스와 CDMA용 판매에 사업을 집중했다. 이 과정에서 탄생한 CDMA특허는 퀄컴을 무명의 중소벤처에서 글로벌기업으로 급부상시켰고 기술의 독점 공급을 통해 막대한 라이센싱료를 가져다 주었다. 이를 시작으로 퀄컴은 수많은 특허를 가진 특허의 절대적 강자로 태어났다.

이 사례들에서 우리는 공통점을 찾아볼 수 있다. 원천특허 하나가 작은 회사를 글로벌기업으로 변신시킬 수 있다는 것이고, 그 발명자의 인생도 바꿔놓을 수 있다는 사실이다.

개량특허

최근 등록되는 대부분의 특허발명은 개량특허다. 기존에 있었던 발명을 개량하거나, 기존 발명을 이용한 발명에 대해 취득한 특허를 뜻한다. 현대에서 완전히 새로운 기술을 개발한다는 것은 쉽지 않은데, 지금까지 축적된 기술들이 너무 많기 때문이다. 지우개가 달린 연필도 연필을 이용한 개량발명이고, 인터넷 전화기도 인터넷 통신기술과 전화기를 이용한 개량발명이다.

이처럼 대부분의 특허발명은 이전에 발명가들이 만들어놓은 특허발명에 기초한 혁신을 통해 이루어진다. 애플사가 아이폰이라는 새로운 발명을 만들어냈지만 아이폰은 수많은 통신특허, 카메라특허, 휴대폰특허, 디스플레이 특허들을 디딤돌 삼아 이루어졌다.

개량발명 성공 사례

개량발명은 선행특허권자의 허락을 얻어야 실시할 수 있다. 앞에서 말했듯이 특허권은 사용할 권리를 보장받는 것이 아니라 타인의 실시를 금지하기 위한 권리이기 때문이다. 특허를 받아도 선행특허가 존속하고 있는 동안에는 자신의 특허발명을 마음대로 실시할 수 없다. 그래서 개량발명인 경우, 굳이 특허를 취득할 필요가 있냐고 묻는 사람들도 있다. 그러나 개량특허라고 해서 원천특허보다 항상 못하리라는 법은 없다.

최초의 증기기관으로 알려진 뉴커먼(Newcomen)의 증기기관도 개량발명이었다. 뉴커먼은 파팽이 1679년 개발한 증기 펌프를 참고해 5.5마력의 일을 할 수 있는 최초의 상업적 증기기관을 1712년에 개발했다. 그런데 그 증기기관 개발 과정에서 세이버리가 1698년에 개발하여 특허를 받은 초보적인 증기기관의 특허를 이용하게 되었다는 사실을 알게 되었다. 그러자 뉴커먼은 곧바로 세이버리에게 동업을 제의했고, 세이버리는 이를 흔쾌히 받아들였다. 이렇게 공동으로 제작해 판매한 광산용 증기기관은 탄광업체에 폭발적으로 팔려나갔다. 뉴커먼이 엄청난 부를 쌓았음은 당연한 결과였다.

또 다른 예로 제임스 와트의 증기기관이 있다. 제임스 와트는 글레스고우 대학의 엔지니어로 근무할 당시 수리를 의뢰받은 뉴커먼 엔진을 10여년 연구 끝에 개량하여 1769년에 특허권을 취득했다. 이 특허를 사업가인 볼턴이 지분의 2/3를 매입하여 볼턴앤와트사(社)를 설립했다. 볼턴앤와트사는 공장이나 광산에 증기기관을 제공하거나 이를 제조하는 기술 컨설팅을 제공했다. 이로 인해 제임스와트는 잘 알려진 바와 같이 부과 명성을 얻었고, 볼턴은 영국 최고의 부자가 되었다.

크로스라이센스와 통상실시권허여심판

선특허권자도 개량특허를 이용하기 위해서는 개량특허권자의 허락을 얻어야 한다는 점을 유의해야 한다. 앞의 사례에서 초보적인 증기기관을 개발한 세이버리와 더 효율적인 증기기관을 개발한 뉴커먼의 사례를 다시 살펴보자.

뉴커먼의 증기기관을 뉴커먼 자신이 판매하기 위해서는 선특허권자인 세이버리의 허락이 필요하다. 그런데 세이버리 또한 뉴커먼의 증기기관을 판매하기 위해서는 후특허권자인 뉴커먼의 허락을 필요로 한다는 것이다.

개량특허가 매혹적인 기술이라면 선행특허권자도 당연히 개량특허에 의한 제품을 만들어 팔고 싶을 것이다. 그런데 선행특허권자가 개량특허제품을 만들기 위해서는 개량특허권자의 허락을 얻어야 하므로 서로 사용허락을 구할 수밖에 없다. 이를 '크로스라이센스'라고 한다.

만약 개량발명의 특허권자(후행 특허권자)가 자신의 특허발명을 실시하고 싶은데 선행특허권자가 절대 허락을 하지 않고 있는 상황이라면 후행특허권자는 선행특허권자에게 자신의 특허발명에 대한 실시를 허락해 달라는 심판을 제기할 수도 있다. 이를 '통상실시권허여심판'이라고 한다.

개량특허, 똑똑하게 활용하기

개량특허가 더욱 빛을 발휘하는 순간은 선행특허가 존속기간이 만료한 경우다. 특허발명의 존속기간은 출원일로부터 20년이므로 후행특허발명이 등록받은 후 몇 년이 지나다 보면 그 선행특허발명의 존속기간이 만료될 때가 많다. 그러면 개량발명의 특허권자는 누구의 허락도 받지 않고 자신의 발명을 실시할 수 있게 된다. 나아가 그 누구의 실시도 금지할 수 있는 권리를 갖는다(이 권리는 특허를 받은 순간부터 가지고 있던 것이다). 결국 그 특허발명에 대한 완전한 독점이 이루어지는 것이다.

또한 개량특허는 그 독점적 지위를 늘리는 방식으로 이용될 수도 있다. 3D프린터의 원천특허들의 특허권들은 2012년~2013년에 대부분 소멸했다. 누구나 그 원천특허의 발명을 이용할 수 있게 된 것이다. 그래서 3D프린터 시장이 최근 급속도로 성황을 누리고 있다. 그런데 원천특허권을 보유하고 있던 글로벌 3D프린터업체 - 3D시스템즈, 스트라시스, MIT대학 등 - 은 계속해서 3D프린터 개량특허들을 등록하고 있다. 그래서 개량특허를 보유하고 있지 못한 기업들은 개량특허를 보유하고 있는 기업들에게 라이센스 계약을 체결하거나 그 개량특허발명들을 피해서 3D프린터를 설계할 수밖에 없다.

그렇지만 3D프린터의 개량발명에 대해 계속 연구하고 개량발명에 대한 특허권을 취득해온 기업이 있었다면 원천특허가 소멸함에 따라 자신들의 특허를 이용해 맘껏 제품들을 생산할 수 있을 것이다. 그리고 타사의 특허가 문제가 된다면 크로스 라이센스를 이용해 침해문제를 극복할 수도 있었을 것이다. 그러므로 기존에 특허가 존재하는 제품이라도, 자신이 제품을 개량했고, 그 개량한 발명이 가치가 있다면 반드시 특허를 출원할 것을 권한다.

개량발명에 대해 특허를 취득하지 않는다면

1990년대 초, CDMA 기술의 상용화에서, CDMA 원천특허는 미국의 퀄컴사가 가지고 있었다. 하지만 그 상용화는 한국의 한국전자통신연구원(ETRI)에서 이루어졌다. 이 상용화 과정에서 ETRI는 그 상용기술들에 대한 해외특허들을 취득하지 않았다. 그렇기 때문에 퀄컴의 라이센스청구를 일방적으로 받아들일 수밖에 없었다. 만약 상용기술들, 즉 개량발명들에 대한 특허들이 해외를 포함하여 다수 등록되었다면 퀄컴과 크로스라이센스를 통해 라이센스료를 상당히 절감할 수 있었을 것이다. 개량발명에 대한 특허권 취득이 왜 필요한지를 단적으로 보여주는 사례라고 할 수 있다.

애플은 왜 삼성에 표준특허를 주장했을까요? 10

표준특허

≫

최근 특허시장에서 가장 선호되는 특허가 있다. 바로 표준특허(standard patent)다. 표준특허는 공식표준으로 정해진 기술을 구현하기 위해서 반드시 실시해야 하는 특허를 의미한다. 좀더 정확히 말하면, 표준화기구에서 '표준문서'란 규격을 제시하는데 이러한 표준문서의 규격을 기술적으로 구현하는 과정에서 필수적으로 사용되는 특허를 말한다.

예를 들어, 이미지를 주고받기 위해서는 JPEG 규격을 통해서 이미지를 압축한다. JPEG가 사진 등의 정지화상을 압축하는 기술의 표준인 것이다. 이러한 JPEG 이미지 규격은 1992년에 BMP 형식과 GIF 형식의 문제점을 개선하기 위해 설립된 JPEG(Joint Photographic Experts Group:통합사진전문가단체) 위원회에 의해 만들어졌다. 이후 JPEG 규격은 1994년에 ISO(International Standardization Organization: 국제표준화기구)의 인증을 받으며 디지털 이미지 규격

의 세계 표준으로 자리 잡았다.[5]

또한 동영상 코덱으로 잘 알려진 H.264는 블루레이 디스크를 위한 코덱 표준 중 하나다. 고선명 비디오의 녹화, 압축, 배포를 위한 가장 일반적인 포맷 가운데 하나이다. 현재 비메오, 유투브, 아이튠즈 스토어 영상 등 인터넷 스트리밍 서비스와 어도비 플래시 플레이어 및 마이크로소프트 실버라이트 등의 웹 소프트웨어, 다양한 HDTV 방송에서 사용되고 있다. 이러한 H.264에는 다수의 특허권이 포함되어 있으며, 이 규격에 맞는 하드웨어·소프트웨어 제품을 제조하는 기업은 특허 사용료를 지불해야 한다.

그런데 이 표준특허는 모순적인 개념을 담고 있다. 특허란 독점을 의미하는데, '표준'이란 누구나 쓸 수 있어야 하는 것이기 때문이다. 그래서 표준화기구에서는 표준특허의 존재를 정당화하기 위해 여러 가지 규제를 두고 있다.

표준특허의 약점

표준화기구는 표준특허의 공개와 FRAND(36쪽 각주 참고)를 표준특허권자에게 요청한다. 즉, 기술 표준으로 포함된 표준특허는 적절한 시간에 공개되어야 하며, 표준특허권자는 공정하고 합리적인 조건에 의해 비차별적으로 기술 실시를 허용해야 한다는 조건이다. 이는 해당 업계에서 이미 표준이 된 특허기술을, 특허권리자가 경쟁사에게 차별적인 사용조건을 적용해 발생할 수 있는 시장 불공정행위를 막는 것을 목적으로 한다. 즉, 표준특허

---

5   두산동아 – JPEG (http://it.donga.com/7234)

는 이 특허발명을 실시하는 이에게 사용료를 받을 수는 있지만, 일반 특허와 달리 특허발명에 대한 사용을 금지시킬 수는 없다.

삼성이 미국 캘리포니아법원에 애플이 특허를 침해했다고 제기한 소송에 사용된 특허들은 '이동통신 기술과 디바이스 기술'에 대한 것들이다. 이에 대해 애플은 그 기술들은 모두 이미 표준이 된 기술들이므로 'FRAND'에 의해 특허침해가 아니라고 주장했다.

또한, 네덜란드에서 삼성이 애플을 상대로 제기한 소송에서, 삼성은 통신 기술 관련 4건에 기초해 특허침해 소송을 제기했는데 1건에 대해서만 승소했다. 나머지 3건은 기본적으로 'FRAND'의 논리와 '삼성과 퀄컴 간의 크로스 라이선스 계약'의 근거에 의해 기각을 당했다. 표준특허의 약점을 알려주는 대표적인 사례다.

표준특허의 장점

그러나 표준특허는 까다로운 침해입증에 있어서 완전한 우위를 누린다. 표준특허로 등록만 된다면 공식표준으로 정해진 기술을 구현하는 장치나 시스템일 경우, 반드시 표준특허를 침해하게 되어 있다. 표준을 준수하는 어떤 제품이라도 그 특허권을 피해갈 수 없다. 즉, 권리자는 특허가 표준특허라는 사실만 증명하면 된다. 그러면 표준을 준수하는 제품의 제조사에서는 라이센싱비를 줄 수밖에 없다. 표준을 준수한다는 것은 표준특허를 침해한다는 의미이니까.

반면, 일반특허의 경우 침해제품의 구성요소들이 특허청구항의 전 구성요소에 매칭이 된다는 사실을 입증해야 한다. 그런데 이에 대해 다툼이 생기는 경우, 장기간의 소송이 필요하기도 한다.

표준특허로 인정만 된다면 표준특허풀에 가입되어서 마음 편하게 사용료를 받을 수도 있다. 유명한 특허풀 관리기업으로 MPEG-LA, 비아 라이선싱(VIA-LICENSING), 시스벨(Sisvel) 등이 있다. 이런 특허풀에 가입된 회원들은 특허풀에서 체결하는 라이선스 계약들을 통해 로열티 수익을 얻는 것이 가능하다. 비록 자신의 특허로 인해 생긴 라이선스 계약이 아닐지라도 특허풀에 속한 특허의 라이선스 계약을 통해서도 로열티를 공평하게 배분받게 된다.

표준특허의 설계

이러한 표준특허는 만드는 것이 쉽지 않다. 표준화기구에서는 가능하다면 특허가 있는 기술을 표준으로 만들고 싶어 하지 않는다. 그 기술을 표준으로 만들면 그 표준을 따르는 사용자들이 특허권자에게 라이센스료를 지불해야 하기 때문이다.

그래서 그 표준이 도입되는 시점에서 특허출원을 해놓고 표준이 결정되면 그에 따라서 청구항을 표준에 매칭하는 전략이 사용된다. 이를 표준특허 전략이라고 하는데, 적어도 2~3년이 걸리는 치밀한 전략이다. 이 전략이 성공하는 경우 표준특허가 탄생한다. 그리고 그 효과는 앞에서 말한 것처럼 결코 작지 않다.

표준특허 지원 사업

표준특허 1개를 만드는 것은 결코 쉽지 않다. 국제표준화를 위해 통상적으로 3~4년의 시간과 표준화 회의에 참여하기 위한 항공료, 체재비, 투입시간 등을 필요로 한다. 중소기업 단독으로 진행하기 어려운 사업이다. 그래서 정부에서는 아래와 같이 국제표준화 지원 사업을 지원하고 있다.

표준특허센터 biz.kista.re.kr/epcenter

미래창조과학부 중소중견기업 ICT[6] 표준기술자문시스템 assist.tta.or.kr

---

6 정보통신기술(Information & Communication Technology)

Part 02

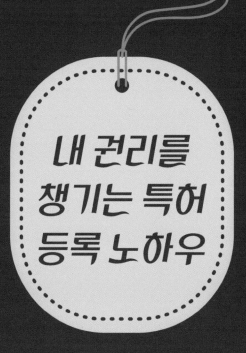

내 권리를
챙기는 특허
등록 노하우

제품 차별화를 통한 독점 공급

특허를 받는 이유에는 여러 가지가 있지만 가장 중요한 이유는 제품의 차별화가 아닐까? 지금은 비슷비슷한 제품들이 경쟁하는 시대이다. 기업이 살아남기 위해서는 마케팅에 투자해서 브랜드 충성도를 높이거나, 연구개발에 투자해서 신제품을 만들어야 한다. 마케팅과 브랜드는 『상표전쟁』에서 설명했으므로 이 책에서는 제쳐두겠다.

기업이 신제품을 만들었다면 연구개발을 통해 차별화된 기능을 만들었다는 의미이다. 기업은 연구개발비를 투자해 새롭거나 개량된 기능을 갖춰서 자신의 제품을 차별화한다. 성공하는 경우, 시장은 그 제품에 열광하고 기업에겐 블루오션이 열린다. 그러나 곧 주변 기업들이 이를 모방하기 시작한다. 경쟁은 과열되고 시장은 레드오션이 된다. 레드오션 탈출을 위해 기업은 다시 연구개발비를 지출해 새로운 기능을 만들고 이를 또 제품에 적용한다. 시장은 다시 열광하지만 또 주변 기업들은 이를 모방한다. 악순환의 연속이다.

우리는 이런 안타까운 순환 사례를 너무 많이 보았다. 어느 통신사에서 새로운 서비스를 시작하면 다른 통신사도 수개월 내에 동일한 서비스를 개시한다. 어느 은행에서 새로운 서비스를 시작하면 다른 은행들도 수개월 내에 동일한 서비스를 개시한다. 이 순환구조에서 안타까운 점은 연구개발을 하는 기업의 수익구조만 악화된다는 것이다. 이 안타까운 순환고리를 특허로 끊을 수 있다.

아마존은 원클릭 특허를 개발하여 1999년에 특허로 등록했다. 특허등록 번호는 US5960411이며 명칭은 '통신망을 통해 주문하는 방법 및 시스템(Method and system for placing a purchase order via a communications network)'이다. 회원 신용카드 등 지불정보와 주소를 저장해 버튼 하나만 클릭하면 주문이 완료되는 기술이었다. 반스앤노블이 이를 모방한 투클릭 주문방식을 사용하자, 아마존은 특허침해소송을 걸었다. 몇 달 뒤, 반스앤노블은 자사 홈페이지에서 이 기능을 뺄 수밖에 없었다. 일부 외신은 이 특허의 가치를 24억 달러(2조9000억 원)으로 추산했다.[7]

제품 차별화는 '영업비밀'로도 달성할 수 있다. 예를 들면 코카콜라는 그

---

7   http://www.etnews.com/20170104000169

원료를 130년 동안 영업비밀로 보호하며 외부에 공개하지 않았다. 그 기간 동안 다른 기업 중 어디에서도 코카콜라의 맛을 똑같이 흉내를 낼 수 없었다. 코카콜라처럼 그 비밀을 끝까지 감출 수 있다면 특허를 출원하지 않아도 된다. 다만 콜라 같은 화학제품과 달리, 기계나 전자제품은 리버스엔지니어링을 통해 길어야 몇 개월이면 비밀이 모두 공개된다는 사실을 유념해야 한다.

옛 사람들은 외적을 방어하기 위해서 성을 쌓았다. 성을 쌓는 시간은 오래 걸리지만 외적의 침입을 그만큼 확실하게 보호할 수 있었다. 지금은 기업의 기술을 보호하기 위해 특허로 방어해야 하는 시대이다. 특허로 성을 쌓자.

특허제품을 원하는 바이어의 요구 충족

악기 케이스를 만드시는 A기업 대표가 악기 케이스를 만들어서 유럽으로 수출하려고 특허사무소를 찾았다. 평범한 악기 케이스가 아니라, 악기 케이스에 악보를 놓을 수 있는 지지대까지 함께 들어가 있는 특별한 케이스였다. 당연히 한국에서 특허와 디자인출원도 되어 있고, 유럽으로도 디자인출원이 되어 있었다. 다만 유럽특허는 진행하지 못해 시기를 놓쳤다.

한국에 특허출원을 했다면, 해외로 특허출원을 할 수 있는 시기는 정해져 있다. 한국에 출원한 날로부터 1년 내에 해외출원을 해야 한국에 출원한 그 날짜('우선일'이라 한다)를 해외에서의 출원일로 인정받을 수 있다. 2020년 1월 1일에 국내출원을 했다면, 2021년 1월 1일까지는 국제특허출원(PCT출원)을 하거나, 혹은 필요한 국가들에 개별적으로 특허출원을 해두어야 한다는 뜻이다

그런데 유럽 현지에서는 계약을 위해 유럽 특허권을 요구했다. 특허가 없다면 경쟁업체에서 제품을 베껴서 팔 수 있기 때문이다. 유럽 디자인권이 있지만 이것만으로는 경쟁업체가 디자인을 변형해서 파는 것을 막을 수가 없었다. 수년 전, 비용 때문에 유럽으로 특허출원을 하지 못한 것이 발목을 잡은 것이다.

비용이 문제였다면 과거에 국제특허출원(PCT출원) 하나만 해 놓았어도 좋았을 것이다. 수출계약이 체결되면 그 후에 국제특허출원을 가지고 유럽에 진입할 수 있기 때문이다. 또는 유럽에 특허출원을 하고 심사를 최대한 늦추는 방법으로 비용 확대를 막을 수도 있었다. 그렇지만 이렇게 해당국가의 출원 시기를 놓치면, 그 기술에 대해 해당국가에서 특허를 다시 받을 수 있는 방법은 없다. 시간을 되돌리지 않는 한 말이다.

특허분쟁을 대비하는 든든한 보험

보험은 평소에는 그 효용을 느끼지 못하지만 않지만 사고가 일어날 때 도움이 된다. 특허도 마찬가지다. 타인이 내 특허발명을 사용하는 경우나 혹은 타인이 내게 특허침해를 주장하는 경우에 주로 문제가 생긴다. 즉, 특허분쟁사건이 일어나는 것이다. 특허분쟁에서 자신의 특허가 있는 경우와 없는 경우는 천지차이다.

A사는 경쟁사인 B사로부터 A사의 제품이 B사의 특허를 침해하고 있으니 즉시 제품을 파기하라는 내용의 침해 경고장을 받았다. 그런데 A사가 변리사를 통해 검토해보니 B사도 A사의 특허를 침해하고 있었다. A사는 B사

에게 이런 내용을 알렸고, 결국 A사와 B사는 서로 특허발명을 실시할 수 있게 하는 크로스 라이선스 계약을 맺었다. 만약 A사가 특허권을 미리 취득해 놓지 않았다면 A사는 해당 제품을 시장에 더 이상 판매할 수 없었을 것이다. 나아가 손해도 수억 원, 수십 억 원에 이르렀을지도 모른다.

이와 같이 분쟁에서 특허라는 보험이 있는지 여부에 따라 결과는 달라진다. 특허권의 취득은 통상 1년 이상이 걸린다. 그래서 제품의 출시 전부터 미리 특허를 출원해 놓지 않는다면, 추후 문제가 생겼을 때 특허의 보호를 받을 수 없다. 이는 마치 암보험을 들어 놓지 않았다가 암이 발병한 다음에는 암보험을 들 수 없는 예와 비슷하다.

또한 특허는 분쟁을 예방하는 역할도 한다. 오늘날 국제사회에서 전쟁을 원하지 않아도 국방력을 길러야 하는 이유와 비슷하다. 삼성은 미국시장에서 NPE들로부터 계속적인 특허침해소송을 당하자 그때부터 특허를 대량으로 준비했다. 현재 삼성의 특허출원 수는 미국에서 IBM에 이은 2위이고 (2020년 기준), 많은 다른 기업들과 크로스 라이센스 협약을 통해 특허분쟁을 예방하고 있다.

이처럼 특허분쟁에서 특허의 수는 전쟁에서 대포의 수로 비유할 수 있다. 경쟁자가 수십 개의 대포로 나를 겨누고 있는데, 하나의 대포도 준비 못한다면 그 전쟁의 결과는 명백할 것이다. 당장의 출원비용은 전쟁에서 패했을 때의 손해배상금에 비하면 훨씬 적은 비용이라는 점을 기억하자.

해외진출을 위한 발판

2015년의 일이다. 국내에서 골프공을 판매하고 있는 A기업으로부터 전화를 받았다. "변리사님, 미국에서 특허소송을 당했습니다". 다급한 목소리였다. 작년부터 미국에 골프공을 수출하고 있는데, 미국의 유명한 골프공 제조사인 B사로부터 특허침해소송이 들어왔다는 것이다. 미국에 제품 관련해서 특허를 받은 것이 있는지 묻자 없다는 대답이 돌아왔다. 뿐만 아니라 그 제품에 관련한 아무런 지식재산권도 미국에 출원되어 있지 않았다.

사태를 더 상세히 파악하기 위해 미국에서 소송을 전문으로 하는 로펌의 특허변호사와 상담을 진행했다. 그런데 특허소송의 완결까지 예상되는 비용은 대략 60억 내외라고 했다. 미국 특허소송에서 완결까지의 평균비용이다. 예상은 했지만 0의 개수를 세다보니 충격으로 다가왔다.

파악한 사실을 가지고 A기업 임원진들과 회의를 시작했다. 이러저러한 현재 상황을 보고하고, 진행하게 될 경우의 비용을 알려주자 모두 표정이 어두웠다. 아마도 그 소송비용에 놀라는 것 같았다. 두 시간의 회의 끝에 결정이 나왔다. 미국에서 철수하겠다는 것이었다. 미국에서 작년에 나온 매출이 수천 만 원 정도이므로, 수십 억 원의 소송비용을 감당할 수 없다는 뜻이었다. 다른 방법이 없으므로 필자도 동의했다.

다행스러운 것은 미국에 사업장이 없었다는 점, 그리고 매출이 크지 않았다는 점이 그나마 위안이었다. 소장의 송달효력도 당분간 발생하지 않을 것이고, 매출도 크지 않으니 상대방이 중간에 A기업에 대한 소송을 포기할 가능성이 클 것이기 때문이다. 대체로 미국은 소송비용이 크므로 특허침해소송이 중간에서 합의로 종결되는 경우가 많다.

왜 A기업은 특허출원을 하지 않았을까? 누군가가 안 해도 된다고 하여 무심코 넘어 갔을 수도 있고, 몰라서 안 했을 수도 있다. 그렇지만 국내에서 이런 침해분쟁이 발생했을 때 아무런 준비가 안 되어 있다면 사업 기반조차 사라질 수 있다는 사실을 기억해 두면 좋겠다.

제품에 적용된 기술들을 특허출원하고 특허 포트폴리오를 갖춰놓아야 다른 기업들과의 경쟁에서 살아남을 수 있다. 해외로 수출할 때에도 마찬가지다. 그 준비의 첫걸음은 특허출원이다. 그래야 침해주장이 들어왔을 때 상대방에게 "너도 우리 특허를 침해하고 있다. 그러니까 크로스 라이선스를 맺자"라고 주장을 할 수 있다.

엄청난 특허출원 수로 막강한 특허 포트폴리오를 가지게 된 삼성전자는 샌디스크, 도시바, 코닥, IBM, 마이크로소프트, SK하이닉스, 램버스 구글 등과 크로스라이센스 계약을 맺고 있다. 만약 삼성전자의 특허출원 수가 20년 전과 같았다면 이들 기업들과의 크로스라이센스는 불가능했을 것이다.

반면 기업 역사가 얼마 되지 않은 중국의 샤오미는 가격대비 제품이 우수함에도 불구하고 선진국으로 제품 수출에 어려움을 겪고 있다. 샤오미의 해외진출은 주로 인도나 아프리카 등 특허 보호수준이 낮은 시장에 한정돼 있다. 선진국의 기존업체들이 특허로 장벽을 구축하고 있기 때문이다. 그래서 샤오미는 매년 엄청난 비율로 특허출원을 증가시키고 있다.

일반적으로 해외 선진국들에서 특허권의 보호는 국내보다 훨씬 강한 편이다. 국내에서의 특허분쟁이 땅 위를 걷는 느낌이라면, 해외에서의 특허분쟁은 살얼음판을 걷는 것과 같다. 수출을 하는 기업이라면 특허에 대한 대비는 반드시 하자.

자금조달에 보탬이 되는 특허

중소기업은 자금을 확보하는 데 어려움이 많다. 대기업과 같이 높은 신용도나 담보가 있는 것도 아니고, 가진 것은 기술력뿐인 경우가 많다. 그런데 그 기술력만 믿고 돈을 빌려주거나 투자를 할 곳은 흔치 않다. 기술은 객관적으로 평가하기가 곤란해서 그와 동일한 기술이 다른 회사에도 존재하는지, 그 기술의 가치가 어느 정도인지 알기 어렵다. 더욱이 기술을 담보로 잡으려니, 담보로 잡을만한 대상을 설정하기도 어렵고, 담보권을 등록할 방법도 없다. 이럴 때 특허가 도움이 된다.

우선 특허가 있으면 은행에서 대출을 받기도 더 쉬워지고, 이자율도 낮아진다. 은행은 기술을 담보를 잡을 수는 없으나 특허를 담보로 잡을 수 있기 때문이다. 특허권에는 담보권이 설정될 수 있다. 또한 특허를 가지고 있다면 기술보증기금이나 신용보증기금의 보증을 받을 수도 있다. 이런 보증에 기초해 대출을 하는 경우 시중은행은 5~10% 정도의 책임만 지면 되므로 은행은 더 쉽게 대출을 해준다.

또한 특허가 있으면 투자를 받기가 쉽다. 당신이 투자자라면 똑같은 기술력을 가진 회사 중에 특허권을 확보해 놓은 기업을 좋아할까, 아니면 단순히 기술만을 가지고 있는 회사를 좋아할까? 실제로 투자의 귀재 워렌버핏이 투자해 막대한 수익을 올린 질레트는 아주 강한 특허 포트폴리오로 고급 면도기 분야를 독점하고 있는 기업이다.

이와 같이, 기업이 기술을 가지고 있으면서 특허권을 가진 경우와, 기술만 있고 특허권이 없는 경우에, 시장에서의 가치는 큰 차이가 있다. 특허권이 없다면 후발 업체에 의해 기술격차를 따라 잡힐 확률이 높지만 특허권이 있으면 기술격차를 따라 잡힌다 하더라도 특허권에 의해 그 실시를 막을 수 있기 때문이다. 즉, 특허를 가지고 있는지 아닌지에 대한 문제는 시장을 독점할 수 있는지 아닌지에 대한 문제이다.

특허권이 있으면 후발주자들의 시장진입을 효율적으로 통제할 수 있고, 다른 업체로부터 침해주장을 당했을 경우, 반격할 여지도 있다. 이런 점을 고려한다면 답은 명백하다. 기술력과 함께 특허를 가지고 있는 기업이 좀더 안전한 투자대상이다. 기술을 가지고 있는 중소기업은 많으나, 기술을 이용해 다수의 특허를 확보한 중소기업은 훨씬 적다. 특히 재무구조가 갖춰지지 않는 기술주도의 벤처기업은 규모의 경제를 실현할 수 없다. 그래서 기술에 대한 특허를 가질 것을 꼭 권하고 싶다.

마케팅에 도움이 되는 특허

숙취해소 음료
'여명808'

여명808의 마케팅 사례를 살펴보자. '컨디션'의 대대적인 TV광고와 달리, '여명808'은 비싼 광고를 주구장창 하던 제품이 아니었다. 그런데 필자 주변 사람들은 대부분 여명808 음료를 마시고 있었다. 마셔보니 실제로 효과가 있었다는 이유 외에 또 다른 이유가 있었는데 바로 제품 하단에 커다랗게 박혀 있던 '특허 181168호' 때문이었다.

특허 181168호는 '숙취해소용 천연차 및 그 제조방법'이라는 명칭으로 1998년 12월에 등록을 받았다. 이 특허를 적용한 여명808은 세계 최초로 특허 받은 숙취해소 음료다. 여명 808의 발명가이자 제조사인 '그래미'의 남종현 회장은 여명808을 개발한 후, 11개국에 특허출원을 했다고 한다.

그래미는 여명808을 개발한 이듬해 숙취해소 효능 검증을 농림축산식품부 산하기관인 한국식품연구원에 의뢰했다. 당시 농림축산식품부 산하기관인 한국식품연구원은 효능검증 방법에 난감해하다가, 쥐에게 에탄올을 주입하고 여명808을 투입한 쥐와 그렇지 않은 쥐의 대조군을 비교하여, 혈중알코올 농도와 아세트알데하이드 농도가 여명808을 주입하지 않은 대조군보다 더 빨리 감소하는 것을 발견했다. 또 다른 숙취해소 음료를 투여한 쥐보다 여명808을 투여한 쥐가 더 빨리 감소한다는 결과를 도출한 것이다. 이 결과를 바탕으로 그래미는 심사참고자료를 제출하는 등의 노력을 통해 특허를 받았다.

지금 세상에는 수많은 광고들이 넘쳐나고 있다. 이렇게 넘쳐나는 광고의 홍수 속에서 많은 소비자들은 신뢰할 수 있는 정보와 그렇지 못한 정보 사이에서 해매고 있다. 그렇지만 특허등록 ○호라고 덧붙여진 하나의 문구는 소비자로 하여금 제품을 신뢰할 수 있게 한다. 이처럼 특허출원을 병행하는 마케팅 전략은 마케팅에 몇 배의 효율을 가져다주는, 소위 마케팅에 날개를 달아주는 전략이 된다. 마케팅에 쓰이는 비용 중 일부를 특허에 쓰자. 조금 더 효과적인 마케팅을 기대할 수 있을 것이다.

정부지원사업의 조력자

정부는 우리 기업들이 특허권을 확보하기를 원한다. 우리 기업들이 특허를 계속 취득해야 기업의 경쟁력이 높아지고, 나아가 국가의 경쟁력이 높아지기 때문이다. 그래서 정부는 특허취득을 독려하기 위해, 특허를 가진 기업들을 각종 제도를 통해 우대하고 있다.

우선 특허권이 있으면 각종 인증을 확보하는 데 유리하다. 기업을 위한 인증인 벤처기업인증이나 기술혁신형 중소기업(이노비즈) 인증시에 특허가 있으면 심사시 가점을 받는다. 또한, 제품이나 기술을 위한 인증인 신제품인증(NEP), 신기술인증(NET), 성능인증 등도 특허가 없다면 인증을 받기가 거의 불가능하다.

심지어 판로개척에도 특허는 도움이 된다. 조달청 우수제품 제도나 발명진흥회에서 주관하는 우수발명품 우선구매 추천사업도 특허가 필수요건인데, 이를 통과하면 조달물자로서의 수의계약이 허용되거나 지방자치단체로의 제품 추천이 가능하다. 또한, 특허가 있으면 정부사업에 참여할 경우에 각종 가점을 받고, 각종 세제 혜택도 가능하다. 자세한 내용은 뒤에서 풀어보겠다.

특허보증과 비침해증명

최근에는 해외 거래기업들이 국내기업들에게 특허보증이나 비침해증명을 요구하는 경우도 많아졌다. 특허보증은 해당 수출국에서 특허침해문제가 발생하는 경우, 제조사가 책임을 진다는 계약이다. 판매한 금액 내에서 책임을 지는 종류의 계약도 있지만, 특허문제로 인해 발생한 손해 모두를 책임진다는 내용의 계약을 요구할 때도 있다.

비침해증명은 해당제품이 해당 수출국에서 경쟁사 등의 특허를 침해하지 않는다는 것을 증명하고 들어가는 것이다. 이런 경향은 미국, 유럽, 일본 순으로 나타나며 특히, 미국에서 더 많이 발생하고 있다. 수출을 해야 하는 경우 특허에 대한 철저한 사전준비가 필요하다는 뜻이다.

해외에서 바이어가 제품을 구매할 때 특허를 원하는 경우, 미리 시기에 맞춰서 특허출원을 해놓지 않으면 그 요구를 맞출 수가 없다. 최근 해외 바이어들이 이렇다는 것을 유념하고 수출 전 해외 특허에 대한 대비를 해야 한다.

빠른 출원이 중요합니다 02

신규성을 상실한 사례들

한자를 공부하는 『마법천자문』이라는 아동도서가 있다. 손오공의 모험이 야기에 한자를 자연스럽게 곁들여 외울 수 있도록 만든 책이다. 이 책은 입소문이 퍼져서 1,200만 부나 팔린 한자교재이기도 하다. 한자를 배우는데 그 공부 원리가 남달라 2005년에 특허등록을 받았다. 그런데 특허가 등록된 후, 소송에서 무효판정을 받았다. 특허출원 전에 마법천자문 교재가 먼저 팔린 사실이 소송에서 입증된 것이다. 3년의 소송이 끝나고서 해당 출판사 대표는 "이제부터 새로운 아이디어가 나오면 특허부터 출원할 것"이라고 말했다고 전해진다.

M기업 대표는 중국의 박람회에 참가한 후, 출품한 제품에 대해 합작회사를 하고 싶다는 기업이 나타나서 아주 즐거운 시간을 보내고 있었다. 그

런데 갑자기 날벼락 같은 소식을 듣게 되었다. 특허를 출원하기 전 박람회에 제품을 출품시켰으므로 중국 특허를 취득할 수 없다는 내용이었다. "내가 내 제품을 가지고 박람회에 출품했는데, 그것 때문에 특허를 못 받다니…." M기업 대표는 억울함을 참지 못했다.

그러므로 제품출시나 박람회 출품 전에는 특허를 출원해야 한다. 제품을 판매하거나 박람회에 출품하는 순간 해당 제품은 공지가 된다. 그래서 제품판매나 박람회 출품 후에 특허나 디자인을 출원하는 경우, 기존에 공지된 발명·디자인을 출원했다는 이유로 원칙적으로 특허가 거절되기 때문이다. 이를 '신규성'을 상실한 경우라고 한다.

출원 전 공개되어도 특허 받을 수 있는 경우(공지예외)

자신이 발명을 공개했는데도 특허를 무조건 못 받게 한다면 불합리하다. 그래서 특허법은 일정한 경우, 공지되지 않은 것으로 예외를 인정해 준다. 그것이 바로 '공지예외(Grace Period)' 규정이다. 한국에서는 공지일로부터 1년 내에 해당 발명을 출원한 경우에는 일정 요건 하에 공지되지 않은 것으로 예외를 인정해준다. 그래서 특허등록이나 디자인등록을 받고 싶다면 박람회에 출품한 후 무조건 일정기간 내에 출원해야 한다. 위의 M기업 대표는 박람회 출품에도 불구하고 출품일로부터 1년 내 특허출원한다면 한국에서는 특허를 받을 수 있다.

그러나 중국에서는 '공지예외' 규정이 잘 적용되지 않는다. 유독 '공지예외'의 인정범위에 대해 인색한 중국은 중국정부가 인정한 박람회에서 한 공지만 그 예외를 인정하고 있다. 그래서 일반적인 박람회에서 제품을 공지시키면 '공지예외' 규정을 적용해주지 않는다. 그러므로 박람회 출품 전에 출원을 하지 않은 경우, 중국에서 특허나 디자인등록을 받지 못할 가능성이 매우 높다. 랜드로버사(社)의 프리미엄 라인인 레인지로버 이보크가 박람회 출원 전, 중국에서 디자인 출원을 해놓지 않아서 모방품을 막지 못한 일화는 유명하다.

공지예외제도는 국가마다 다르다

애플의 특허 중 '바운스백'이 있다. 스마트폰에서 사진이나 화면을 넘길 때 끝부분에 닿으면 화면이 튕겨 나오는 시각적 효과를 제공하는 기술이다. 그런데 이 특허는 독일에서 무효 판결을 받았다. 스티브잡스가 해당 특허의 출원 전인 2007년 1월의 프리젠테이션에서 이 기능을 시연했기 때문이다.

미국에서는 위의 프리젠테이션으로 인한 무효 여부가 문제 되지 않았는데, 미국이 공지예외의 적용에 너그럽기 때문이다. 그러나 유럽은 공지예외 규정이 매우 까다롭다. 아래의 표와 같이 국가마다 공지예외의 적용기간이나 적용사유는 모두 다르다는 점을 기억하자[8]

---

8   만화로 보는 지재권 생존기, 대한무역투자진흥공사, 2016.11

공지예외 적용기준	한국	미국	유럽	일본	중국
적용기간	공지일로부터 1년	출원일로부터 1년	공지일로부터 6개월	공지일로부터 6개월	공지일로부터 6개월
적용사유	제한 없음	제한 없음	제한 있음(공인 된 국제박람회 등)	제한 있음(정부가 개설한 박람회 등)	제한 있음(정부가 주관한 박람회 등)

가출원 또는 특허청구범위 유예제도

만약 제품을 신속히 발표해야 하는 등 정식출원 과정을 밟을 시간이 없는 상황이라면 가출원제도 또는 청구범위 유예제도를 이용하면 된다. 미국에서는 가출원제도가 오래전부터 잘 활용되었다. 논문 자체를 제출하거나 PPT 한 장을 제출하는 것으로도 가출원이 된다. 그 후 1년 내에 정식 명세서를 작성하여 특허출원을 하면 된다.

반면 한국에서는 처음부터 특허명세서의 형식에 맞춰서 출원을 해야 하며, 특허청구범위만 나중에 작성하는 것이 허용되는 특허청구범위 유예제도가 있었다. 미국과 달리 한국의 청구범위 유예제도는 많이 이용되지 않는 편이었는데, 명세서의 형식에 맞추어 출원해야 한다는 제약이 있었기 때문이다. 또한 특허청구범위 유예제도를 통해 출원한 특허는 추후 청구범위를 보정하는 경우 최초 출원에 있었거나 있었던 것으로 볼 수 있는 내용에 대해서만 기재를 해야 한다는 제약이 있다.

2020년부터 한국에서도 자유로운 형식의 임시 명세서를 제출할 수 있는 가출원제도가 도입되었다. 이제 한국에서도 미국처럼 가출원의 적극적 활용이 기대된다.

　가출원이나 청구범위 유예제도를 잘 활용하기 위해서는, 이 제도를 이용해 선출원을 해놓고 이 출원에 대해 우선권을 주장하면서 후출원을 진행하면 된다. 이 경우 최초 특허명세서에 없었던 내용에 대해서도 기재할 수 있으나 주의할 점이 있다. 최초 특허명세서에 기재되었던 것으로 볼 수 있었던 발명에 대해서만 선출원일로 출원일이 앞당겨지고, 그렇지 않은 발명은 후출원 일로 출원일이 인정된다. 대신 선출원은 자동으로 취하된다. 이를 '국내우선권 주장출원'이라 한다. 명세서 작성의 시간적 여유가 없을 때 쓸 수 있는 하나의 전략이다.

　결론적으로, 국내출원만 한다면 공개 후에 특허출원을 하는 것도 가능하다. 공지예외 제도가 너그러운 편이기 때문이다. 그러나 해외출원이 필요한 발명이라면 반드시 제품판매나 시연이나 박람회 출품 전에 출원을 완료할 것을 권한다.

적절한 특허출원 시기

　그렇다면 특허출원은 어느 시점에 해야 할까? 앞서 말한 내용을 읽고는 발명을 공개하기 직전에 출원해야 한다고 생각할지도 모르겠다. 또는 발명이 완성된 직후라고 생각할지도 모르겠다. 그렇다면 정답은 아니다.

　전자제품을 예를 들면, 전자제품이 개발되는 과정 동안에는 수많은 단계를 거친다. 크게 구분하면 제품의 기획, 연구개발(R&D), 시제품완성, 마케팅,

제품판매 순서다. 국내 중소기업들은 보통 시제품이 완성되고 난 후, 특허출원을 진행한다. 가끔은 수일 후 박람회에 참석해야 하니 며칠 내로 특허출원을 서둘러 달라고 요청하기도 한다. 이렇게 되면 너무 급박하다. 명세서가 충분한 시간을 들여 작성되지 못해서 특허의 질이 떨어지게 된다. 나아가 제품 1개에 특허가 1개밖에 나오지 않는 단점도 있다.

한편, 미국 기업들을 보통 연구개발 단계에서 여러 개의 특허출원을 진행한다. 제품을 개발하면서 새롭게 나오는 아이디어들 하나하나에 대해 특허출원을 하는 것이다. 즉, 제품에 들어가는 특별한 기능마다 특허를 출원한다. 그래서 하나의 제품에 대해서 여러 개의 특허가 탄생을 하는 경우가 많다. 아이디어가 특허를 받는데 미약하다는 생각이 들면 가출원(예비출원)을 해놓고, 추후 특허출원을 하면서 우선권을 주장하여 출원일을 가출원일로 앞당긴다.

예를 들어 비교해 보자. 한국 기업A와 미국 기업B가 2014년 1월, 동시에 연구개발을 착수하여 유사한 시제품을 2016년 12월에 완성시켰다. 그런데 미국 기업B는 연구개발기간인 2014년에서 2016년 사이, 여러 개의 특허출원을 해놓았다. 그런 반면에 한국 기업A는 시제품이 나온 1개월 후인 2017년 1월에 1개의 특허출원을 했다.

두 기업이 특허로 경쟁한다면 어느 기업이 승리할까? 당연히 미국 B기업이다. 출원일이 빠르기 때문이다. 다른 기업과의 경쟁을 고려하더라도 미국 기업B의 사례가 바람직하다.

예를 들어 한국 기업A는 완성된 제품에 대해서 단 1개의 특허권을 가지고 있다. 그런데 한국에서 경쟁업체 C기업이 A기업 제품을 그대로 베껴서 판매했다. 이에 분노한 A기업은 특허침해경고장을 경쟁업체 C기업에게 보낸다. 그런데 경쟁업체 C기업은 항복하지 않는다. 오히려 A기업의 특허권 1개에 대해 무효심판을 청구했다. 이런 경우 A기업 특허는 출원일이 빠른 B기업의 특허에 의해 무효가 되기 쉽다.

이러한 사례는 너무 흔하다. 안타깝게도 우리나라의 특허 무효율은 50%에 가깝다. 전 세계의 선행문헌을 눈에 불을 켜고 찾는 경우, 특허가 무효가 될 수 있는 확률이 50%라는 의미다. 그래서 경쟁업체는 침해를 인정하고 제품을 폐기하거나 라이센스비를 주기보다는 분쟁특허에 대한 무효심판을 청구하는 것이다.

그러면 다음 예를 살펴보자. A기업이 B기업의 방식대로 연구개발 중에 특허를 계속 출원하여 완성품에 대해 3개의 특허를 가지고 있다고 하자. 그러면 A기업의 제품을 베낀 C기업은 3개의 특허에 기초한 경고장을 받게 된다. 이때 경고장을 받은 C기업은 특허 3개에 대한 무효심판을 청구하기는 부담스럽다. 특허 3개 모두를 무효화시킬 수 있는 확률은 30%도 안 되기 때문이다. 나아가 특허 3개에 대한 무효심판 비용 또한 상당하다. 이런 경우 C기업은 처음부터 백기를 들 수밖에 없다. 그러므로 특허출원은 연구개발시점부터 준비해야 한다.

>> 더 알아보기

연구개발 단계에서의 참고사항

Q. 단순히 아이디어만 떠오른 상태에서 특허출원을 할 수 있을까?

A. 그럴 수 있다. 이때 출원하게 되면 가장 빠른 출원일을 가지게 된다. 다만 특허로 등록받기 위해서는 단순한 아이디어의 착상 단계가 아니라 이를 다듬어서 발명을 완성시켜야 한다. 그래서 구현 가능한 정도로만 아이디어를 완성시켜 놓고, 이를 기초로 최초의 특허출원을 행하면 된다. 그 후 추가적인 실시 예 등을 자세히 기재하여 최초 출원에 대해 '국내우선권 주장출원'을 하면 된다. 먼저 출원된 것은 취하 간주되지만, 후의 출원의 출원일이 앞의 출원일로 당겨진다.

Q. 연구개발 단계에서는 무엇을 준비할까?

A. 연구개발 초기 단계(또는 기획단계)에서 선행기술조사를 수행하면 연구개발에 많은 비용과 시간을 투입하기 전에 해당 기술이 이미 개발되었거나 특허출원된 것인지를 파악할 수 있다. 중복된 연구개발이 방지되는 것이다. 선행특허가 있는 경우, 그 특허를 회피할 수 있는 기술을 연구개발하도록 방향을 잡을 수도 있다.

이러한 연구개발 과정에서는 R&D와 관련된 특허전략을 전문적으로 지원하는 '한국특허전략개발원'의 도움을 받아보자. 정부지원금과 함께 많은 노하우를 가지고 연구개발 단계부터 지원하기 때문이다.

지식재산전략원 www.kista.re.kr

특허 명세서를 잘 작성하기까지

미국 드라마 'suits'에 보면 변호사 역할을 하는 주인공 마이크가 특허명세서를 잘 쓰지 못해서 곤경에 처하는 장면이 나온다. 이 장면을 보고 필자가 처음 특허출원을 할 때 느낀 당혹감이 떠올랐다. 수십 페이지가 넘는 명세서를 형식에 맞추어서 작성해야 했는데 그 부담이 상당했기 때문이다.

특허출원 시에는 특허명세서를 특허출원서와 함께 제출해야 한다. 특허명세서는 발명의 내용을 기술하고, 나아가 발명의 보호범위도 규정하는 문서다. 특허명세서는 발명의 내용을 공개하는 기술설명서 역할과 권리의 내용을 정하는 계약서 역할을 동시에 한다. 특허출원을 하면서 가장 중요하고, 가장 많은 시간을 투자해야 하는 것이 바로 이 특허명세서 작성이다. 하나의 특허명세서를 작성하기 위해서는 수십 시간을 고민해야 하는 전문가의 노력이 뒤따른다.

특허명세서에는 발명의 내용을 간명하게 표시할 수 있는 발명 명칭과 영문 명칭을 함께 기재한다. 또 발명의 목적과 구성, 효과 등을 그 분야의 일반적인 기술자들이 명세서를 보고 그 발명을 재현할 수 있을 정도로 상세히 기재해야 한다. 특히 특허명세서에서 권리의 내용을 정하는 청구항은 '발명'을 정의하며, 출원단계에서는 심사관에게, 그리고 등록 이후에는 법관과 침해자에게 권리의 내용이 무엇인지 파악되도록 기술되어 있어야 한다. 즉, 금지영역이 무엇인지 이해될 수 있어야 한다는 것이다. 나아가 청구항은 엄격한 형식을 따라야 한다. 이 형식을 준수하지 않으면 거절이유통지가 발행되고 최악의 경우 등록조차 받을 수 없다. 많은 변리사들이 자격증을 취득한 후 오랜 시간을 들여 특허명세서를 작성을 배운다.

때로는 명세서 작성업무를 폄하하는 말을 들을 때가 있다. 심지어 특허명세서는 아무나 써도 되고, 나중에 변리사나 변호사가 소송을 잘하면 된다는 말을 들은 적도 있다. 그러나 특허명세서는 계약서다. 계약서 내용이 잘못되어 있는데 어떻게 소송에서 이길 수 있겠는가.

미국에서는 특허명세서를 계약서 중 가장 작성하기 어려운 것으로 본다. 그만큼 작성하기가 까다로울 뿐만 아니라 배우는 데에도 시간이 걸리는 업무이다. 특허명세서를 잘 작성하기 위해서는 관련 기술과 특허법을 모두 알고, 명세서 작성 스킬도 익혀야 한다. 특허변호사 자격증도 '1) 공대를 졸업하고 2) 일반변호사 시험에 합격하고 3) 특허 에이전트 시험을 합격한 이'에게만 준다. 이런 사람들이 집중적인 수련의 시간을 거쳐서 연습하는 것이 특허명세서 작성이다. 『How to write a Patent Application』을 쓴 쉘던은 "실무자가 경쟁력 있는 출원서를 작성할 수 있게 되기까지 최소한 6개월, 일반적으로 2년여가 소요된다"라고 말한 바 있다.

한 줄의 위력

특허심판이나 소송에서는 명세서에 나와 있는 단 한 줄의 문장이 문제가 되기도 한다. 필자도 '아, 이 한 문장이 없었으면…' 또는 '한두 줄만 더 설명이 되었더라면…' 하는 아쉬움이 든 적이 수차례 있었다. 특허심판이나 소송을 하다 보면 상대방이 명세서에서 자기가 유리한 쪽으로 꼬투리를 잡아내기 때문이다.

2014년, 특허 거절결정에 대한 심결취소 소송에서 필자는 명세서에 적혀 있던 한 줄이 크게 의미가 없는 문장이라고 반박 주장을 한 적이 있었다. 명세서의 초반부에 쓰여 있던 한 줄이 마치 본 발명의 구성요소 중 일부가 출원 당시 널리 사용되고 있었다는 것처럼 해석될 수 있는 문장이 있었고, 이를 기초로 상대방이 출원 당시의 발명자도 치환된 구성요소가 주지관용의 기술이라는 것을 인정하고 있었다고 주장했기 때문이다.

필자는 그때 그 문장이 단순히 본 발명을 앞으로 설명하겠다는 예시일 뿐이며, 크게 의미를 둘 문장은 아니라고 주장했다. 그때 주심 판사는 "그럼 적지 말았어야지요."라고 간단하게 답했다. 결국 그 한 줄 때문에 여러 편의 논문과 자료를 제출해야만 했다.

이처럼 명세서의 한 줄 문장 때문에 특허가 거절되거나 무효가 될 수도 있고, 한 줄의 문장 때문에 침해가 인정되지 않기도 한다는 사실을 기억했으면 한다.

결론적으로 특허출원에 있어서 특허명세서의 작성은 반드시 전문가의 도움을 받으라고 권하고 싶다. 기술과 특허법에 대한 이해도와 특허명세서의 작성스킬에 따라서 보호범위가 달라지기 때문이다. 명세서가 잘못되면 등록을 받을 수 없거나 등록되어도 소송에서 이길 수 없는 특허가 탄생한다. 가장 중요한 계약서를 잘못 썼기 때문이다.

특허명세서 작성 비용에 대해

시간이 흐를수록 특허명세서의 중요성이 더욱 강조되고 있다. 그런데도 특허명세서 작성에 대한 수가는 20년 전의 비용에 기초하고 있는 것 같다. 미국에서 특허명세서 작성비용은 대략 1,000만 원 정도다. 반면 국내 연구소에서 특허출원 명세서 작성에 쓰는 비용은 평균 100만 원쯤 된다고 한다. 국내 실정상 다수의 출원을 하는 경우 비용을 할인하는 관례가 있기 때문에 개인 출원의 비용보다도 낮은 편이다. 심지어 중국 연구소도 특허출원 명세서에 200만 원 이상의 비용을 쓰는 것으로 알려져 있는데, 한국의 명세서 작성 비용은 너무 적은 편이 아닌가 싶다.

심지어 부족한 비용을 보충하기 위해 비전문가들이 명세서를 쓰는 경우도 종종 있다. 좋은 발명이 좋은 명세서를 만나야 좋은 특허가 나오는데, 좋은 발명이 나쁜 명세서를 만나서 허점투성이인 특허가 된 것을 보면 안타까울 때가 많다. 특허명세서 작성 비용에 대해 업계의 재고가 필요하다고 본다.

중요한 특허인 경우의 팁

한국에서는 출원 시에 명세서 작성비용으로 대리인 비용의 절반을 청구하고, 중간사건 비용은 거의 없으며, 등록시에 등록성사금으로 나머지 절반을 청구하는 방식이 일반적이다. 그러나 이러한 방식은 좋은 특허를 생산하기에 바람직하지는 않다. 출원 시에는 적은 비용 때문에 명세서를 대충 쓰게 되고, 중간사건에서는 등록성사금을 위해 청구항을 과다하게 좁혀버릴 수 있기 때문이다.

만약 중요한 특허라면, 출원 시의 명세서 작성비용과 등록시의 등록성사금을 일괄하여 출원비용으로 지급하고, 중간사건 비용은 있게 하고, 등록비용은 없게 하는 것이 좋다. 그러면 초기에 충분한 비용이 지급되므로 명세서의 질이 높아지고, 중간사건에서는 단순히 등록을 위해 과다하게 청구항을 보정하는 일도 줄어들게 되므로, 좋은 특허가 나올 확률이 높다.

특허의 운명은 출원 후에도 바뀔 수 있습니다 04

특허출원도 중요하지만 특허출원 이후 등록까지의 단계는 더욱 중요하다. 특허의 권리범위를 결정하는 청구항이 확정되는 단계이기 때문이다. 실무를 하는 사람들은 이 단계를 '중간사건' 또는 'OA(Office Action)단계'라고 부른다.

출원 후 심사청구

특허출원 후에는 심사청구라는 절차가 있다. 모든 특허출원은 특허출원일로부터 3년 내에 심사청구를 해야 한다. 만약 특허출원을 해놓고도 이후에 아무것도 하지 않는다면 특허청은 이 출원이 취하된 것으로 간주한다.

심사청구제도가 있는 이유는 불필요한 출원에 대해서는 심사를 하지 않음으로써 시간과 비용을 절약하자는 특허청의 정책 때문이다. 출원인의 입장에서도 출원할 때는 중요한 기술이었는데 출원 후 시간이 지나고 나니 중요하지 않다고 생각될 수 있다. 이 경우 심사청구를 하지 않음으로써 그 출원을 포기할 수 있다.

심사청구 비용은 상당하다. 발명자와 출원인이 동일한 개인이나 중소기업의 경우, 70% 이상 특허청비용이 감면되므로 10~30만 원이면 해결된다. 하지만 할인을 받지 못하는 경우라면 상당한 부담이 된다. 개인 출원이라도 발명자와 출원인이 다르다면 비용을 감면받지 못할 수 있다. 심사청구 비용은 청구항의 개수에 따라 비례하게 되므로 개인특허출원의 경우 청구항 개수를 적절히 조절하기도 한다.

심사청구 이후, 심사관이 실질적으로 심사를 착수하기까지는 1년쯤 걸린다(2020년 기준). 이 기간을 단축하기 위해서 우선심사를 청구하기도 한다.

우선심사청구

우선심사는 심사청구된 특허출원 중에서 우선심사 요건을 갖춘 출원에 대하여 그 심사를 본래의 심사청구 순위와 관계없이 우선하여 심사하는 것을 말한다. 원래 1년을 기다려야 심사를 받을 수 있는 출원이 우선심사신청이 받아들여진다면 3개월만 기다리면 되는 것이다.

우선심사를 청구하기 위해서는 우선심사 요건을 갖추고 우선심사청구비용 20만 원을 특허청에 내야 한다. 급행요금을 낸다고 생각하면 될 것이다. 우선심사가 청구되면 3~5개월 내에 실질적 심사가 착수된다. 다만, 아무 출원이나 우선심사의 대상은 아니고 요건을 갖추어야 한다.

1. 출원공개 후 특허출원인이 아닌 자가 업으로서 특허출원된 발명을 실시하고 있다고 인정되는 경우

2. 대통령령이 정하는 특허출원으로서 긴급처리가 필요하다고 인정되는 경우 (특허법 시행령 제9조)

    (1) 방위산업분야의 특허출원

    (2) 녹색기술과 직접 관련된 특허출원

    (3) 수출촉진에 직접 관련된 특허출원

    (4) 국가 또는 지방자치단체의 직무에 관한 특허출원

    (5) 벤처기업의 확인을 받은 기업의 특허출원

    (5-1) 기술혁신형 중소기업으로 선정된 기업의 특허출원

    (6) 국가의 신기술개발지원사업 또는 품질인증사업의 결과물에 관한 특허출원

    (7) 조약에 의한 우선권주장의 기초가 되는 특허출원

    (8) 특허출원인이 특허출원된 발명을 실시하고 있거나 실시준비 중인 특허출원

    (9) 전자거래와 직접 관련된 특허출원

    (10) 특허청장이 외국특허청장과 우선심사하기로 합의한 특허출원

    (11) 우선심사의 신청을 하려는 자가 특허출원된 발명에 관하여 전문기관에 선행기술의 조사를 의뢰한 경우로서 그 조사결

과를 특허청장에게 통지하도록 해당 전문기관에 요청한 특
허출원

위의 요건 중에 앞부분에서 어느 것도 해당이 없는 경우 마지막 요건인
⑾ 전문기관에 선행기술 조사를 의뢰하여 진행해야 하는데, 이 경우 선행
기술 조사료로 30~40만 원 정도의 비용이 더 추가되게 된다. 그러나 중소
기업 중 "벤처기업"이나 "기술혁신형 중소기업(이노비즈)"로 선정된 기업의
경우에는 확인서만 제출하면 우선심사를 할 수 있으므로, 비용이 많이 절약
된다. 적극 이용하기를 바란다.

심사청구 후 중간사건

심사청구가 되면 담당 심사관에게 사건이 배당되고, 심사관에 의한 실질
심사가 시작된다. 이때 전체 출원의 90% 정도는 거절이유통지를 받게 된
다. 출원된 특허명세서가 아무리 잘 작성되거나 발명이 아무리 새롭더라도
거절이유통지를 피해가기는 어렵다. 의례적으로 통지를 받는다고 생각하면
될 것이다. 더욱이 잘 쓴 청구항은 권리범위가 넓으므로 의견통지를 피해가
기 어렵다.

거절이유가 통지되는 시점에서부터 실무자들은 OA(Office Action)나 중간
사건이라고 부른다. 통상적으로 출원발명이 선행발명들의 조합과 유사하여
진보성이 없다는 거절이유를 받게 되는데 어떻게 대응하느냐에 따라서 특
허등록이 되기도 하고, 되지 않기도 한다. 또한 어떻게 대응하느냐에 따라서
권리범위가 완전히 달라진다.

변리사가 중간사건 대응 과정에서 출원인이나 발명자의 의견을 묻는 경우가 많다. 기술의 내용을 가장 밀접하게 이해하고 있는 사람이기 때문이다. 이때 잘 도와주어야 등록되는 청구항이 출원인이 애초 의도한 제품에 부합하게 만들어질 수 있다.

이 단계는 권리범위를 좁히려는 심사관과 넓히려는 대리인과의 협상과정이기도 하다. 협상이 잘 진행되지 않는다면 심사관은 거절결정을 통지한다. 거절결정에 대응할 수 있는 방법은 두 가지다. 재심사청구[9] 혹은 거절결정불복심판[10]이 바로 그것이다.

심판이라고 하면 겁을 먹는 출원인들이 있는데, 그럴 필요는 없다. 더 넓은 권리범위를 받기 위해 필수적인 과정이라고 생각하면 된다. 권리범위가 너무 넓은 특허가 나와서 다수의 제3자에게 피해가 가는 것을 심사관은 원치 않는다. 그래서 특허를 쉽게 주지 않는 경향도 있다. 정말 권리범위가 넓은 청구항을 등록해야 하는 경우에는 특허심판원에 거절결정불복심판을 제기해야 할 수 있다. 거절결정불복심판에서도 등록을 받지 못하면 특허법원에 심결취소소송을 제기하게 된다. 특허법원에서는 서증, 증인신청, 감정 등 가능한 모든 방법을 동원하게 된다.

---

9   출원인은 청구항을 보정하여 재심사청구를 할 수 있다. 이때는 불복을 결정한 심사관을 포함한 3명의 심사관 합의체에서 다시 판단을 하게 된다. 우리나라에서 재심사청구는 1출원당 1번만 가능하다.

10   출원인은 심사관의 결정에 불복하여 거절결정 불복심판을 청구할 수도 있다. 그러면 특허청이 아닌 특허심판원에서 심판들이 그 거절결정이 타당했는지를 심리하게 된다.

만약 명세서 전체에서 선행문헌에 비해 새로운 내용이 전혀 없다면 특허를 받지 못할 수도 있다. 그래서 명세서의 내용을 풍부하게 쓰는 것이 중요하다. 발명자가 언급한 실시 예 1가지만 기재한다면 선행문헌에 유사한 내용이 있을 경우 등록을 받기가 어렵다. 그래서 변리사들은 출원 시 상담을 하면서 가능한 많은 실시 예를 만들고, 이를 특허명세서에 기재해 놓는다. 이는 중간사건을 진행하는 데 많은 도움이 된다.

반면 처음에 제출된 특허명세서의 내용이 부실하게 작성되어 제출되었다면 중간사건을 처리하는 변리사가 아무리 능력이 뛰어나도 등록을 받기 어려울 수 있다. 명세서에 최초의 명세서에 없던 내용을 추가할 수 없기 때문이다. 그래서 처음에 제출하는 특허명세서의 내용이 매주 중요하다는 사실을 다시 한번 강조하고 싶다.

이 모든 과정은 특허등록을 받기 위한 것이지만 더 넓은 권리범위를 받기 위한 다툼이기도 하다. 그래서 출원인이 처음부터 이 특허출원은 등록증을 받는 것이 목표라고 말해 주면 등록까지의 기간을 훨씬 줄일 수 있다. 처음부터 심사관과의 협상에 있어서 "우리는 등록만 받는 것이 목표입니다. 권리범위가 좁아도 괜찮습니다"라고 선언해 버리면 되니까. 그렇게 해서 의견제출통지서가 나오면 권리범위를 상당히 좁히는 청구항을 포함하는 보정서를 제출한다. 그러면 등록받을 가능성이 훨씬 높아지게 된다.

중간사건에서 심사관을 잘 설득하여 등록결정을 받은 후 설정등록료를 납부하면 최종적으로 특허증이 나오게 된다. 그러므로 특허등록결정이 나오기 전까지는 '끝날 때까지 끝난 게 아니다'라는 사실을 기억해 두면 좋겠다. 지금 이 순간에도 여러분의 출원은 등록을 위한 전쟁을 하고 있을 수 있다.

특허등록, 기일 관리가 중요합니다 05

특허청에서 특허출원에 대해서 심사를 모두 마쳤는데 거절할 이유가 없어서 등록받을 수 있을 때 특허결정서 통지를 보내온다. 그러니 특허결정서를 받으면 특허를 받기 바로 직전까지 온 것이다.

특허결정서를 받으면 설정등록료를 특허결정서를 송달받은 날부터 3개월 내에 납부해야 한다. 설정등록료는 등록 1년차부터 3년차의 비용을 포함한다. 청구항의 수에 따라서 항마다 3만 9천 원씩 증액된다(2020년 기준). 설정등록료를 납부하면 특허청에서 특허원부에 특허설정등록을 하게 되고, 출원인이나 대리인에게 특허증을 보내준다.

특허설정등록이 되면 특허권이 발생한다. 출원발명이 특허발명으로, 출원인이 특허권자로 변환되는 순간이다. 그러나 그 전에 특허권의 성공적인 취득과 유지를 위해 꼭 기억해야 할 기일들이 있다. 다음 4가지를 기억하자.

1. 출원 후 심사청구기일

특허출원 후 심사청구라는 제도가 있다고 했다. 우리나라에서는 특허출원을 하면 심사청구를 별도로 하기 전까지는 심사관이 심사를 하지 않는다. 단순히 출원일을 확보하기 위한 출원일 수도 있으므로 심사업무가 밀려 있는 한국에서는 심사요청이 들어와야만 비로소 심사대기 리스트에 출원을 올려놓게 된다.

이 심사청구 기간은 출원일로부터 3년이다. 3년을 경과하게 되면 그 출원은 취하간주되기 때문에 버려지게 된다. 이 심사청구 기간을 놓치면 돌이킬 수 없다. 심사청구기간을 놓친 특허출원은 다시 살릴 수 없으므로 심사청구기간을 유념해 챙길 필요가 있다. 특허사무소에 특허출원을 의뢰하는 경우 특허사무소는 기일을 관리하고 있다가 심사청구 기한이 다가오기 전에 출원인에게 리마인더를 하고 있다.

2. 거절이유통지 후 중간사건 기일

거절이유통지를 받는 경우 2월 내 의견서 등을 제출해야 한다. 이를 제출하지 않는 경우 거절결정이 내려지며, 거절결정을 받은 날로부터 30일 내 거절결정불복심판이나 재심사청구를 해야 한다. 만약 그러지 않으면 거절결정은 자동으로 확정된다. 이 기일은 신청에 의해 연장될 수 없으나, 이런 조치 없이 기일이 지나 거절결정이 확정되면 그 출원은 살릴 수 없다. 그러므로 중간사건의 기일을 잘 관리하는 것도 중요하다. 만약 대리인이 있다면 대리인은 거절이유통지를 받는 경우 이에 대한 대응안을 출원인에게 제시하고, 협의하여 기일 전에 보정서, 의견서 등을 특허청에 제출하게 된다.

3. 등록료납부기일, 연차료 납부기일

특허결정이 있으면 특허결정서를 송달받은 날로부터 3개월 내 3년간의 설정등록료를 납부해야 한다. 그리고 4년 차부터는 매년 연차료를 납부해야 한다. 이 기일은 가급적 지키는 것이 좋으나 만약 지키지 못하더라도 복구할 방법은 있다. 특허설정등록료나 연차료는 납부일 경과 후 6개월 내 원래 내야 하는 비용의 2배를 내고 납부할 수 있다. 설정등록료는 불가능하지만 연차료의 경우 6개월이 더 지나도 3배의 비용을 내고 회복을 신청할 수 있다.

이런 회복절차가 있어서, 앞의 심사청구 기일이나 중간사건 기일보다는 조금 안심해도 된다. 하지만 연차료가 2배, 3배가 된다면 비용부담이 크므로 가급적 유의하는 것이 좋다.

4. 분할출원 기일

특허출원에 둘 이상의 발명이 포함된 경우, 특정 기간에 그 일부를 별개의 특허출원으로 분할할 수 있다. 이를 분할출원이라 한다. 특허명세서에 둘 이상의 발명이 포함되어 있다면, 분할하여 2개의 특허로 등록받을 수 있다는 의미이다. 이러한 분할출원은 거절이유통지가 발행되기 전에는 어느 때나 할 수 있고, 거절이유통지가 발행된 후에는 의견서 제출기간 내에 할 수 있었다. 최근 법의 개정으로 특허결정 이후에도 등록료 납부 전에는 분할출원을 할 수 있으니 특허 개수를 늘리기가 쉽다. 많이 이용하자.

특허 비용을 절약하는 6가지 방법 06

돈을 잘 관리하는 사람들은 가계부를 꼼꼼하게 쓰고, 돈을 차곡차곡 저축한다. 특히 기업 경영자들은 직장인에 비해 돈을 잘 관리하는 편인데, 기업에서 재무가 특히 중요하기 때문이다. 그래서 기업은 비용을 줄이기 위해 많은 노력을 하고 있다.

그러나 특허관리를 통한 비용 절약에 대해서 잘 모르는 기업 경영자들이 많다. 특허관리를 통해 어떤 식으로 비용을 절약할 수 있는지 다음 사례들을 통해 알아보자.

1. 청구항 수의 조절에 의한 비용 절약

국내에서 특허출원을 하게 되는 경우 필요한 비용은 특허대리인 비용 외에도 특허청에 내야 하는 특허출원료, 심사청구료가 있다. 특허출원료는 출원마다 모두 동일하다. 하지만 심사청구료는 청구항 수에 따라서 달라진다. 심사청구 기본료인 14만3천원 외에, 청구항 1개마다 부과되는 심사청구 가산료는 4만4천 원이다(2020년 기준). 10개만 되도 44만 원이 추가된다. 만약 30개면 132만 원이 추가된다. 더욱이 청구항이 많아지면 등록 이후 연차료도 고액을 납부해야 한다.

그렇다면 특허출원에 가장 적절한 청구항 수는 몇 개일까? 청구항 수는 출원인이 변리사와 상담하여 적절히 조절해야 하는 항목이다. 청구항 수가 너무 많으면 비용이 늘어나고, 청구항 수가 너무 적으면 권리를 보호받기 힘들거나 무효심판에서 불리하게 된다.

2. 관납료 할인에 의한 비용 절약

중소기업이나 개인의 경우, 관납료 할인이 70%에서 최대 85%까지 제공된다. 이러한 할인은 국내출원의 경우 출원인들이 잘 제공받는 편이다. 하지만 해외출원의 경우 그 내용을 잘 몰라서 혜택을 얻지 못하는 경우도 종종 있다. 해외에서 한 번 관납료 할인을 제공받지 못하면 특허권의 존속기간인 20년 동안 계속 관납료 할인을 제공받지 못할 수도 있으므로 주의해야 한다.

3. 심사청구 유무로 인한 비용 절약

등록받을 필요가 없는 특허인데도 심사청구를 미리 하게 되는 경우가 있다. 이런 경우 심사청구비용으로 수십만 원을 그냥 손해를 볼 수도 있다. 심사청구를 하지 않았다면 낼 필요 없는 비용이기 때문이다.

4. 정부지원금에 의한 비용 절약

정부지원금도 있다. 현 정부에서는 출원지원금을 상당한 규모로 풀고 있다. 이를 이용하는 경우 출원을 위한 대리인 비용의 상당 부분을 정부지원으로 대신할 수 있다.

5. 등록 이후 연차료 불납으로 인한 비용 절약

특허가 등록된 이후의 차이도 상당하다. 특허를 언제까지 유지할 것인가, 하는 문제는 매우 중요하다. 특허의 유지비용인 연차료는 등록 후 해를 거듭할수록 비싸진다. 예를 들어, 청구항이 10개라면 등록 4년 차의 연차료는 26만 원이다. 그런데 등록 15년 차의 연차료는 그 3배 이상인 91만 원이다. 청구항이 20개라면 각각 그 2배에 가깝다.

그래서 적어도 3년에 한 번 정도는 이 특허를 계속 유지할 것인지, 유지한다면 청구항을 몇 개 유지할 것인지 고민해 보아야 한다. 그래야만 특허권을 포기해서 연차료 발생을 중지시키거나 청구항을 줄여서 연차료를 상당 부분 줄일 수 있다.

6. 해외출원에 대한 비용 절약

해외출원의 경우 비용을 조절할 수 있는 부분은 다양하다. 해외특허출원의 경우 특허출원부터 등록까지 소모되는 비용이 천 만 원 단위로 넘어간다.

우선 번역을 한국에서 할지, 해외대리인에게 맡길지 고민해야 한다. 외국어 번역을 한국에서 한다면 100만 원이 든다고 할 때 해외대리인에게 맡길 경우 보통 300만 원이 든다. 해외대리인에게 맡긴다면 품질은 보장이 될 수 있다. 그 나라에서 특허실무를 하는 이가 번역을 한다면 불명확한 기재나 번역으로 인한 거절이유를 사전에 예방할 수도 있기 때문이다. 하지만 한국에서도 좋은 번역가를 찾으면 저렴한 비용에 상당한 퀄리티로 번역을 할 수 있는 곳이 있다. 해당국의 특허출원에 경험이 많은 변리사를 찾는다면 번역업체에서 완성된 번역을 특허사무소에서 자체적으로 리뷰하여 외국으로 보낼 수 있다. 이런 경우 번역비용은 절반으로 줄어든다.

해외출원의 경우 관납료 할인을 잘 적용받아야 한다. 미국의 경우 대기업(large entity)의 경우 출원비용이 500만 원인데, 중소기업(small entity)의 출원비용은 그 절반인 250만 원이다. 그런데 개인이나 소기업(micro entity)의 출원비용은 그 절반인 125만 원이다.

소기업의 입증요건이 번거롭기 때문에 해외로펌에서는 개인과 소기업(micro entity)으로 진행하지 않고 중소기업으로 진행하는 경우도 있다. 이때 클레임을 걸지 않으면 20년 동안 두 배의 관납료를 내게 된다. 순식간에 천만 원이 더 들어갈 수도 있다.

해외출원의 경우 중간사건, 즉 거절이유가 통지되는 경우 대응하는데 수백 만 원이 지출된다. 현지대리인이 거절이유를 단순히 송부하는 데에도 비용을 청구하고, 거절이유를 분석하고 코멘트를 제시하면서도 또 비용을 제시하고, 거절이유에 대응한 대응안을 작성하여 특허청에 제출하는 데에도 또 비용을 제시한다. 유럽이나 미국에서 거절이유 대응에 평균 소요되는 비용은 200~400만 원 정도가 든다.

만약 5개국에 동시 심사를 진행하는 경우, 거절이유가 여러 국가에서 동시에 통지되면 대응방법을 국가별로 각각 진행하게 된다. 이런 경우 동일한 거절이유를 여러 국가에서 받게 되고, 동일한 방식으로 여러 번 대응하며 수백 만 원이 여러 번 지출될 수도 있다. 그렇지만 하나의 국가에서 우선 심사를 진행하여 등록을 받고, 다른 국가에서는 심사를 중지한 후 한 국가에서 등록된 특허에 기초하여 심사를 진행하는 전략을 쓴다면 비용을 훨씬 줄일 수 있다.

이처럼 특허에 소요되는 비용은 진행방법에 따라 상당히 차이가 날 수 있다. 특히 해외로 나가는 특허 비용은 국내대리인의 역량에 따라서 더 크게 차이가 난다. 그러므로 이런 관리비용에 대한 부분을 숙지하고 필요한 절차와 적절한 대리인을 선택할 필요가 있다.

출원대리인
선정의 기술 07

대리인을 선택하는 5가지 기준

필자가 발명자로서 특허출원을 해야 한다고 가정해 보자. 변리사인 필자의 주변에는 변리사들이 많다. 이 주변상황은 그만큼 선택의 폭이 넓다는 의미이기도 하다. 이런 필자가 고객이 되어 출원대리인을 선택한다면 다음과 같은 기준에 의해 출원대리인을 고를 것이다.

1. 연구한 발명분야와 전공 분야가 매치되는 변리사를 찾는다. 전자사건이면 전자전공의 변리사를, 기계사건이면 기계전공의 변리사를 찾을 것이다. 또한 화학사건이면 화학전공의 변리사를 찾을 것이다. 전자나 기계는 어느 정도 호환 가능하지만 화학과 전자·기계는 호환되지 잘 안 된다. 즉 조성물에 관련된 발명이라면 가급적 화학변리사에게 맡기고, BM발명은 가급적 전자변리사에게 맡길 것이다.

2. 명세서 작성 경험이 많은 변리사를 찾는다. 해당 발명관련 분야의 명세서에 대한 작성경험이 많다면 더욱 좋을 것이다. 만약 추후에 소송에 쓰일 특허라면 소송 경험이 있는 변리사를 찾을 수도 있다. 해외출원을 원한다면 해외출원된 명세서의 작성경험이 많은 변리사를 찾을 것이다.

3. 미국이나 유럽, 중국, 일본 등으로 출원을 해야 한다면 해외출원을 많이 해본 변리사를 찾는다. 해외출원의 경우 해당 국가마다 기재요건들이 다르고 주의사항들이 달라서 해당국가의 비전문가가 출원을 할 경우 중간사건 대응비용에 수백 만 원이 더 지출될 수도 있다. 최악의 경우에는 천 만 원 이상 들여 진행한 사건이 등록받지 못하고 사라질 수 있기 때문이다.

4. 내 규모에 맞는 특허사무소를 찾는다. 내가 만약 사건이 많은 대기업이라면 큰 특허사무소를 선택할 것이다. 사건의 수가 많아도 처리가 어렵지 않기 때문이다. 나아가 품질이 어느 정도 일정화되어 있다는 장점도 있다. 그러나 내가 만약 사건의 수가 많지 않은 중소기업이나 개인이라면 작은 규모의 특허사무소를 고를 생각이다. 큰 사무소에 맡긴다면 대형고객들에 치여서 내 사건은 경험이 적은 변리사들이 맡을 수 있기 때문이다. 상대적으로 작은 사무소에서는 대형사무소에서 팀장까지 하다가 독립해서 개업하거나, 오랜 경험에 의해 대가의 반열에 오른 분들도 많다. 이런 작은 사무소를 잘 찾아보면 좋은 결과를 얻을 수도 있다. 작은 사무소들 중에서 골라야 한다면 경험과

실력이 어느 정도인지 면밀히 파악한 후 신중히 사무소를 선정할 것이다.

나아가, 특허출원을 위한 대리인 선정을 완료했다면, 그 특허를 가지고 무엇을 할 것인지를 대리인에게 설명해주자. 예를 들어, 빠른 특허등록이 최대의 목적이라면, 그렇게 대리인에게 말하자. 대리인은 청구항을 자세하게 씀으로서 권리범위를 좁혀서 등록시기와 등록가능성을 높여줄 것이다. 중요하고 소송에 쓰일 수 있는 특허라고 말한다면, 대리인은 등록까지의 기간이 오래걸리더라도 좋은 특허를 설계해줄 것이다.

향후에 수출을 할 예정이라면 그렇게 대리인에게 말하자. 대리인은 한국특허출원 후 해외출원을 해야 하는 기한을 설정해줄 것이다. 정부사업에 지원을 원한다면 어떤 사업인지 이야기를 해주자. 그러면 대리인은 그 사업에 맞게 특허를 설계해줄 것이다.

특허대리인 비용이 다른 이유

"왜 특허사무소마다 비용이 다르죠?" 많은 분들이 궁금해 하는 내용이다. 그런데 준오헤어와 블루클럽의 가격이 왜 다른지 궁금하지 않은가? 거리에 수많은 미용실이 존재하지만 비용은 모두 제각각이다. 물론 미용실마다 서비스도 다르다는 사실도 우리는 경험으로 알고 있다. 마찬가지로 특허사무소마다 요구하는 비용도 각각 다르고, 그 서비스도 제각각이다. 미용실과 마찬가지로 비용이 비싸다고 무조건 좋은 것도 아니고, 그렇다고 저렴하다고 좋은 것도 아니다. 저렴한 곳만을 찾다 보면 일을 망칠 수 있다.

짧고 중요하지 않은 서비스와 달리, 긴 시간 동안 큰 영향을 주는 서비스에서는, 최저가가 오히려 손실이 되기도 한다. 패키지여행에서 최저가를 골라서 여행을 가면 관광지보다는 쇼핑몰을 더 많이 데리고 다닌다. 다시 그런 여행을 갈 기회가 많지 않다는 점을 생각한다면 절약을 원했던 대가는 도리어 절약한 비용의 몇 배가 되기도 한다.

지식재산권 분야의 일을 누군가에게 의뢰할 때에는 훨씬 더 신중해야 한다. 지식재산권은 존속기간이 길어 잘못되는 경우 적어도 몇 년을 고생할 수 있다. 소니는 미국에서 PSP에 관련된 특허소송에서 패소하여 1,850만 달러(약 200억)를 배상했다. 레인지로버는 중국에서 디자인 특허출원을 잘못하여 중국에서 짝퉁 이보크가 돌아다니는 것을 막지 못했다. 신발 브랜드 스베누는 상표등록에 실패해 결국 그 상표명을 사용할 수 없었다.

한국과 미국과의 특허명세서의 품질은 어느 곳이 더 좋을까? 한국에서 출원 시의 특허명세서 작성비용은 대략 150만 원에서 300만 원 사이다. 반면 미국에서 특허명세서의 작성비용은 대략 800만 원에서 1,000만 원 사이다. 한국과 엄청난 차이가 있다. 그래서 명세서의 품질은 두말할 것도 없이 미국이 좋다. 비용이 커지면 특허명세서에 시간을 더 많이 들일 수 있고, 시간을 더 많이 들인 명세서는 더 좋은 명세서가 될 확률이 커진다. 선행문헌들을 더 검색하고, 기술을 더 깊이 있게 파악하고, 활용가능한 실시예들을 더 기재할 수 있기 때문이다.

특허명세서가 소송에서 계약서와 같은 존재라고 이미 설명했다. 특허권이 어떠한 권리를 가지는가는 특허명세서의 내용에 따라 달라진다. 심지어 단어 하나, 조사 하나에도 영향을 받는다. 이처럼 중요한 특허명세서를 작성하기 위해 비용이 가장 저렴한 곳을 찾는 것은 바람직하지 않다. 특히 특허를 진행하는 과정에서, 특허가 등록이 될지 안 될지, 그리고 등록된 특허가 A급 특허가 될지, C급 특허가 될지는 명세서를 작성하고, 중간사건을 진행하는 변리사의 역량에 달려 있다.

나아가 해외출원에서는 대리인의 능력에 따라서 수백에서 수천만 원이 차이날 수 있다. 거절이유를 한 개 더 받거나 덜 받는 것도 대리인의 능력에 달렸다. 각 국가별로 1개씩만 거절이유가 더 발생해도 5개국이면 1천만 원 이상이 추가비용으로 든다. 이렇게 되면 국내대리인 비용의 차이는 소소하게 보인다. 더구나 각 국가에서 특허를 등록받는 과정에서 보잘것없는 특허가 되느냐, 좋은 특허가 되느냐는 대리인의 역량에 달렸다.

그러므로 특허 대리인비용에 대해서는 조금 더 관대한 마음을 가졌으면 좋겠다. 특허권은 20년 동안 존속하는 아주 오래 사용하게 될 서비스이기 때문이다.

정부는 제1차 지식재산기본계획(2012년~2016년) 및 제2차 지식재산기본계획(2017년~2021년)을 수립하고, 제1차 기간에서만 총 12조가 넘는 돈을 지식재산권 육성에 쏟았다.[11] 이중 지식재산의 창출에 약 9조를, 지식재산의 활용에 약 1.7조를 썼다. 창출분야 대부분의 사업이 R&D사업으로 된 점을 고려하면 8조 정도는 특허육성에 쓰였다고 생각된다.

그러면 정부는 왜 특허에 이런 지출정책을 내놓았을까. 그 이유는 특허가 우리나라의 미래와 관련이 있기 때문이다. 지금 우리나라를 빠르게 추격하는 중국은 위협적이다. 지금의 추격속도로는 수년 후 중국과 우리나라와의 기술격차가 거의 없어질 것이다. 그러나 여전히 우리나라가 시장에서 우위

---

11   2017년도 정부지식재산사업의 재원배분방향 설정연구(국가지식재산위원회)

를 차지하기 위한 방법은 있다. 바로 특허다. 우리기업이 현재 기술 우위에 있는 기술들에 대해 특허 포트폴리오를 구축하면, 중국이 우리기업을 따라잡는다고 하더라도 특허권으로 그 실시를 막거나 막대한 라이센싱비를 부과할 수도 있다. 우리나라의 통신기술 수준은 이제 세계수준이다. 그렇지만 우리기업들은 여전히 미국 기업들에게 막대한 라이센싱료를 지불하고 있다. 퀄컴과 같은 기업은 현재 막대한 수의 특허를 가지고 있으면서도, 1년에 국제특허출원만 2천 건 이상 등록하고 있다. 즉, 미국 기업은 우리나라 기업과의 기술격차를 이용해 특허로 장벽을 쌓아 왔으며 지금도 쌓고 있다.

따라서 정부는 우리나라의 미래를 위해 아낌없이 특허에 투자하고 있는 편이다. 그 투자는 아주 다양한 방법으로 지원되고 있어서 그 모두를 알기는 쉽지 않지만, 더 아는 만큼 더 지원받을 수 있는 것은 확실하다. R&D에 관련된 지원은 기업에서 더 잘 알 것이므로, 이 책에서는 특허에 대한 지원에 대해 주로 언급하겠다.

정부의 비용지원정책

정부는 특허출원료를 지원하고 있다. 예를 들어, 특허출원을 하는 경우 대리인 비용의 상당부분을 지원하고 있다. 지역지식센터에서는 약 130만 원까지 지원하며, 서울지식센터도 마찬가지다. 상공회의소에서도 약 100만 원까지 지원하고 있다. 콘텐츠진흥원에서도 비슷한 금액을 지원하고 있다.

또한 정부는 국제출원(PCT)료를 지원하고 있다. 각 정부 기관들을 통해 지원하고 있으며 통상적으로 300만 원까지 지원된다. 이는 국제출원를 위한 비용을 대부분 커버할 수 있을 정도다. 심지어 정부는 개별국 단계의 출원료를 지원하고 있다. 국제출원과 별도로 개별국 1개당 출원에서 등록까지 필요한 비용은 평균 1,000만 원 이상으로 부담스러운 금액이다. 하지만 지식지역센터 등은 이 금액 중 상당액을 선정을 통해 지원하고 있다.

나아가 정부는 선행기술조사료를 지원한다. 선행기술조사는 해당발명을 출원하는 경우 등록을 받을 수 있는지 여부를 가늠하기 위한 것이다. 만약 동일한 선행기술이 있다면 등록받을 수 있는 확률이 매우 적다. 이는 비용이 많이 들어가는 국제출원을 결정하기 전에 꼭 거쳐야 할 절차다.

정부는 컨설팅 비용도 지원한다. 해외로 수출하는 데 있어서 계약서를 작성해야 할 일이 많은데, 국내대리인의 컨설팅을 거치고, 나아가 해외대리인의 컨설팅도 받아야 하므로 비용이 상당히 들 수밖에 없다. 잘못된 계약으로 손해를 보는 중소기업을 보호하기 위해 이런 비용까지도 지원된다. 또한 해외 분쟁비용도 정부는 지원한다. 해외기업으로부터 피소를 당하거나 침해를 당해 소송을 해야 할 일이 생기는 경우 이 절차를 신청할 수 있다.

정부의 지원사업정책

'코트라(KOTRA)'는 IP데스크를 운영하고 있다. IP데스크는 중국, 태국, 베트남, 미국, 독일, 일본 등에 걸쳐 9개국 16개 도시에 위치하고 있다(2020년 기준). 전문가를 현장에 파견하여 현지의 IP(지식재산권) 문제를 해결해 주는 것이다. IP데스크에서는 믿을 만한 현지대리인을 추천해주기도 하며, 현장으로 달려가 문제를 해결해 주기도 한다. 예를 들어, 독일에서는 박람회에서 특허침해가 이슈가 되는 경우가 많다. 요건이 갖춰지는 경우 가처분이 하루만에 결정되어 제품이 압류되기 때문이다. 전시를 할 수 없는 것은 물론이다. 가처분을 막기 위해서는 반박서면을 해당 지역법원에 신청해 놓는 것이 중요하다. IP데스크는 한국 업체가 특허침해로 가처분당하는 것을 막아주고 있다. 또한 특정업체가 우리나라 기업의 특허권을 침해했다는 것을 IP데스크로 알리면 이들이 직접 법원에 가처분을 신청하여 박람회에서 외국기업 해당제품을 압류하는 것을 도와주기도 한다.

특허를 이용한 기술개발 지원사업도 있다. 예를 들어 발명진흥회의 'IP융합제품기획' 사업을 보면 이종특허를 이용하여 해당 기술 분야의 문제점을 해결해주기도 한다. 이런 기술 개발을 기업의 인력만으로 수행한다면 특허가 익숙하지 않아서 공개된 특허들이라고 해도 검색이 어렵다. 반면 특허사무소에게 맡겼을 때 비용이 너무 많이 나오게 된다. 그런데 발명진흥회는 1년에 20팀 정도를 선정하여 거의 무료로 이 사업을 지원해 주고 있다. 여기에 선정된 기업들은 상당한 만족도를 표시하고 있다고 한다.

한편 연구개발(R&D)에 가장 큰 도움을 받을 수 있는 곳은 한국특허전략개발원이다. 한국특허전략개발원에서는 해당분야의 특허동향조사를 비롯하여 선행기술의 검색을 지원하고, 특허맵 작성을 지원한다. 그래서 이미 개발된 기술에 대해 불필요한 연구비 지출을 막고, 특허침해가 예견되는 기술에 대해서는 회피설계를 할 수 있도록 도와준다. 중소기업에 해당한다면, 이런 사업들에서 가능한 많은 도움을 받을 수 있을 것이다.

이솝우화에 보면 형제들과 회초리에 대한 이야기가 나온다. 형제들이 주구장창 싸움만 하자 아버지가 아들들을 불러서 회초리 한 묶음과 회초리 하나를 각각 꺾어보라고 이야기한다. 당연히 회초리 하나는 쉽게 부러졌지만 묶음은 부러지지 않았다. 뭉치면 살고 흩어지면 죽는다는 교훈이다.

특허도 별반 다르지 않다. 기업이 특정 제품에 적용되는 특허를 1개만 가지고 있다면 상대방의 무효심판에 의해 특허가 무효가 되기 쉽다. 그런데 특정 제품에 적용되는 특허가 여러 개가 있다면 어떻게 될까? 이를 모두 무효시킬 수는 없으니 상대방으로서는 여간 곤란한 것이 아니다.

나아가 특허가 1개만 있는 경우보다 특허가 여러 개 있는 경우가 침해자가 특허를 회피하기 훨씬 어렵다. 특허 1개는 권리범위가 일반적으로 넓지 않아서 해당 분야를 독점하기가 쉽지 않다. 그렇지만 수십 개의 특허를 특정 분야에 대해 등록받는 경우 그 기술 분야에 대한 독점이 가능하게 된다.

그래서 특허 포트폴리오를 구축하는 전략이 필요하다 여기서 말하는 특허 포트폴리오는 개인이나 회사와 같은 단일한 주체에 의해 소유된 여러 특허의 집합이다.

공격적인 특허 포트폴리오

자신의 기술이 원천기술이나 선도기술에 속하는 경우, 공격적 특허 포트폴리오를 가져갈 필요가 있다. 핵심특허뿐만 아니라 그 외곽에 개량특허들을 함께 취득하는 것이다. 추후 특허분쟁을 대비하여 침해회피도 어렵고 무효시키기도 어려운 특허다발을 가져가는 것이다. 예를 들어보자.

미국의 질레트는 센서 면도기에 대한 서로 다른 7개의 디자인을 개발하고 이를 모두 특허화했다. 그런 후, 면도날에 대한 모든 특허를 조사하고 그 권리범위를 분석하여 경쟁업체가 극복하기 힘든 디자인을 선택하는 과정을 거쳐 센서 면도기를 제품화했다. 그리고 카트리지, 스프링, 날의 각도, 손잡이 등 센서 면도기에 관련된 모든 특징을 특허화했다. 질레트는 이러한 방식의 특허 포트폴리오로 인해 면도기 시장에 있어서 독점적인 지위를 누리고 있다.

청색 LED를 최초로 양산하여 세계 시장을 석권한 일본 니치아화학공업은 청색 LED와 관련한 특허에 대해 '상품은 판매하지만 기술은 팔지 않는다'는 전략을 고수했다. 그러나 경쟁사와의 특허 분쟁에 휘말리며 자사의 특허가 청색 LED의 여러 분야를 포괄하지 못한다는 것을 알게 되었다. 그래서 '훌륭한 특허를 지닌 기업에게는 상호교환 사용조건으로 청색 LED특허의 실시사용 허가를 해주겠다'로 전략을 바꾸었다. 특허포트폴리오 구축에 빈틈이 있어 질레트와 다른 결과를 가져온 사례다.

마지막으로 우리나라 기업인 엠피맨닷컴은 세계 최초로 MP3플레이어를 개발하여 원천특허를 취득했다. 하지만 특허의 수가 적었고, 특허 청구항의 권리범위가 넓어서 국내기업에 의해 무효분쟁에 휘말렸다. 더군다나 이 과정에서 정정심판을 통해 권리가 상당히 축소되었다.

한편, 엠피맨닷컴의 미국특허는 더 좁은 권리범위를 가지고 여러 개의 특허로 분리되어 출원되어 살아남았다. 이 특허들은 엠피맨닷컴의 경영이 악화되어 미국기업을 거쳐 NPE로 매각되었고, NPE는 우리기업들을 상대로 하여 라이센스료를 받는 안타까운 사례가 되었다. 이 원천특허를 계속 가지고 있었다면 엠피맨닷컴이 지금까지 받았을 라이센스 비용은 약 3조 원으로 평가된다[12]

방어적인 특허 포트폴리오
만약 자신의 기술이 개량발명에 속하는 경우, 추후 벌어질 원천기술 특허

---

12 2012년 7월 지식재산사례 심층정책연구 '지식재산 분쟁에 따른 우수기술의 사업화 실패사례 분석 연구'

권자로부터의 침해주장에 대비해야 한다. 이때는 방어적 특허 포트폴리오를 가져갈 필요가 있다. 핵심기술에 대한 특허를 가질 수는 없지만, 핵심특허의 주변기술에 대한 특허를 취득하는 것이다. 원특허권자가 추가로 개발할 만한 기술들에 대한 개량특허들을 취득한 후, 원특허권자와 크로스라이센스 협상으로 가져가기 위한 전략이다.

퀄컴과 에트리의 사례가 대표적인 예시가 된다. CDMA의 원천기술은 퀄컴에서 특허를 가지고 있었다. 다만 퀄컴은 이 당시 특허만 있었을 뿐 CDMA기술을 실질적으로 상용화할 능력이 없었고, 이 기술의 상용화는 한국의 에트리에서 진행되었다. 에트리는 필드테스트와 상용화 단계에서 얻어진 연구결과들을 국내특허로만 출원했을 뿐 해외특허를 출원하지는 않았다. 그런데 CDMA가 상용화된 후, 퀄컴은 CDMA 원천기술에 대한 로열티 협상에서 에트리의 상용화 연구에 대한 기술을 인정하지 않았다. 결국 퀄컴과의 협상과정에서 크로스라이센스를 행사할 수 없게 된 것이다. 만약 에트리가 CDMA의 상용화과정에서 나온 개량발명에 대한 특허들을 미국 등에 등록해 놓았다면 협상과정이 달라졌을 것으로 보인다.

한국지식재산보호원 www.koipa.re.kr

· 국내 위조 상품 단속 지원

오프라인 및 온라인으로 위조 상품에 대한 단속을 지원한다. 위조 상품에 대한 온라인 제보센터를 운영하고 있다.

· 국제 지재권분쟁 대응전략 지원사업

해외기업과 특허권·상표권·디자인권 관련 지재권 분쟁이 예상되는 중소·중견기업에 대해 지재권 분쟁에 대한 맞춤형 지재권 법률 컨설팅을 제공한다. 컨설팅 유형과 내용은 다음과 같다.

컨설팅 유형	지원내용
수출전략	수출지역 분쟁위험 특허 조사분석, 사전 대응 전략 제공
현안전략	해외기업과의 경고장 등 특정 현안 극복을 위한 현안전략 제공
스타트업 IP보호	창업 초기 기업의 수출전략 및 IP보호 전략 지원
K-브랜드 보호	상표·디자인 관련 해외 분쟁 예방·대응 전략 제공
소액	소비용으로 신속하게 분쟁 예방·전략 제공
연계집중	분쟁장기화시 최종 종결을 위한 집중 전략 제공

· 사회적 약자의 지재권 보호지원

공익변리사 특허상담센터를 운영하여 산업재산권관련 상담, 권리 취득 관련 서류의 작성·지원, 심판·심결취소소송의 대리 지원, 산업재산권 침해소송에 대한 민사소송비용의 지원, 산업재산권관런 분쟁조정지원 등을 제공한다.

· K-브랜드 보호지원

국산 브랜드의 해외수출을 하는 중소·중견기업을 대상으로 IP확보 및 행사, 권리보호 예방, 모조품 피해 구제, 분쟁대응 등을 지원한다.

· IP데스크사업

수출기업을 대상으로 IP-DESK가 설치된 미국, 중국, 베트남, 태국, 일본, 독일 등에서 상표·디자인출원, 세관 지재권 등록, 침해조사 및 행정단속, 지재권 상담 등을 지원한다.

한국특허전략개발원 www.kista.re.kr

· IP-R&D 전략지원사업

연구 조직을 보유한 중소기업이 핵심·원천 특허를 선점할 수 있도록 특허전략을 지원한다. 한국특허전략개발원 소속 지재권전략전문가(PM)와 지재권분석 전문기관이 팀을 구성하여 기업현황, 특허, 논문, 시장·산업환경 등을 분석해서 핵심특허 대응, IP창출, R&D 방향 설정 등 IP-R&D 전략을 수립한다.

· 특허기술 동향조사사업

R&D 중복투자를 막고 우수한 특허를 만들어내기 위해 R&D과제와 관련 특허동향과 선행특허 등을 조사하고 분석결과를 제공한다. 특허동향보고서를 활용해 R&D의 방향을 조정할 수 있다.

· 선행특허조사 지원사업

선행특허 조사 및 기술문헌 중복여부를 검토하여 조사보고서를 제공한다.

· 지재권 연계 연구개발 전략 지원사업

특허분석을 통해 업계 및 경쟁사 R&D전략을 파악하여 신규 R&D 방향, 강한특허 창출, 글로벌 기업의 핵심특허대응 전략을 수립한다.

· IP-Biz 특허경영지원사업

특허전략개발원의 지재권 전략전문가와 특허사무소 IP전문가가 협업을 통해 특화 기술분야의 특허동향정보 및 비즈니스 정보를 제공한다.

· 표준특허 창출지원사업

중소 · 중견기업, 대학, 공공(연)을 대상으로 연구개발, 국제표준안 개발, 표준화 활동 등 표준특허 창출 전 과정에 걸친 표준특허 확보 전략 및 정보서비스를 제공한다.

한국발명진흥회 www.kipa.org

· 지식재산 활용전략 지원 사업

우수 IP를 보유한 중소기업의 IP를 활용하기 위해 특허제품혁신, 디자인제품혁신, IP사업화 등을 지원한다.

· 특허기술평가 지원 사업

개인 또는 중소기업의 등록된 특허, 실용신안에 대한 기술가치 평가 등을 수행하는 데 소요되는 평가비용을 지원한다. 아래의 항목에 대한 기술평가를 지원한다.

- 사업화연계 특허기술평가지원
- 보증연계 특허기술평가지원
- 투자연계 특허기술평가지원
- IP대출연계 특허기술평가지원

· 우수발명품 우선 구매추천사업

중소기업 및 개인사업자의 우수발명품에 대한 정부 · 공공기관 납품 촉진 및 판로개척을 지원하기 위해 국가기관, 지방자치단체, 정부출원, 투자기관 등에 중소기업이 개발한 특허제품의 우선구매를 추천한다.

이 사업에 지원하여 우수발명품으로 선정되는 경우, 3년간 정부 및 공공기관 우선구매 추천서를 발송하고, 조달청 우수제품 지정 심사 시 가점이 부여된다. 또 기술표준원 신제품 인증(NEP)심사시 기술성을 증명하는 기타 자료로 활용이 가능하다.

지역지식센터 www2.ripc.org

· 지식재산창출지원사업
각 지역 소재기업에 대하여 국내 또는 해외의 특허 · 실용신안, 디자인, 상표출원에 대한 비용을 지원한다.

· IP나래(융 · 복합 컨설팅) 지원사업
IP기술전략, IP경영전략을 위한 컨설팅을 지원한다. 지원기업에 3개월간 특허전문가의 지식재산 컨설팅을 제공한다.

서울지식재산센터 www.ipseoul.kr

· 중소기업 지식재산권 창출지원 해외 출원 비용지원 사업
서울시민(주민등록등본 · 초본 주소 기준)이나 서울소재 중소기업(사업자등록증 본점 주소 기준)을 대상으로 PCT출원, PCT 국내단계 및 개별국출원, 해외 디자인출원, 해외 상표출원에 대한 비용을 지원한다.

신청시기는 년 2회, 3월과 7월이다

상공회의소 www.korcham.net

각 지역 상공회의소에서는 해당지역의 중소기업을 위해 지재권 출
원비용을 지원해 주기도 한다. 각 지역 상공회의소 홈페이지를 참
조하기 바란다.

Part 03

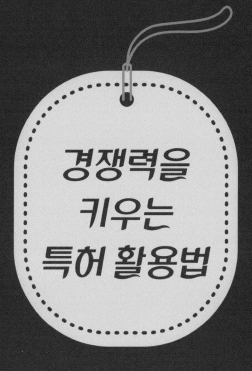

경쟁력을
키우는
특허 활용법

특허로 거래하기   01

기술거래

≫

　최근 인터넷 뉴스에서는 어느 기업의 특허 포트폴리오가 수천억대에 매각되었다는 소식이 심심치 않게 들려온다. 이처럼 특허권은 거래가 가능한 무형의 재산권이다. 돈을 받고 이전할 수도 있고, 돈을 주고 이전받을 수도 있다. 등록된 특허뿐만 아니라 특허출원 자체도 거래될 수 있다. 특허가 등록될 지 알 수 없어서 가지게 되는 위험성만 매수인이 감수한다면 된다.

　특허거래는 크게 돈을 주고 특허를 사오는 특허매입, 돈을 받고 특허를 파는 특허매각, 특허의 소유권을 그대로 유지한 채 실시할 수 있는 권리만을 허락해 주고 돈을 받는 라이센싱으로 구분될 수 있다. 특허매입이나 매각이 아파트의 매매라고 한다면, 라이센싱은 전세 개념이라고 생각하면 되겠다.

특허권 매입하기

기업은 여러 가지 이유로 특허를 매입한다. 기술을 확보하거나, 경쟁자의 시장 진입을 막기 위해서, 그리고 특허분쟁에서 우세를 점유하기 위해서 등이다.

[기술 확보의 예]

미국의 다이아몬드멀티미디어는 MP3를 세계 최초로 개발하여 원천특허를 취득한 한국의 디지털캐스트를 인수하여, Rio라는 브랜드로 MP3 플레이어를 출시했는데 미국 시장에서 10만대를 팔아 점유율 90%를 기록했다.

[특허장벽의 예]

3D프린터 관련 최대 지식재산 보유기업으로 평가되는 3D시스템스는 경쟁사 대비 3배나 많은 등록특허를 보유하고 있으면서도 119건의 3D프린터 관련 특허를 2012~2013년에 매입했다.[13]

[특허분쟁에서 우세를 점유하기 위한 특허 매입의 예]

애플을 중심으로 마이크로소프트, 블랙베리, 에릭슨 소니 등이 가담한 록스타 컨소시엄은 2011년 파산한 노텔네트웍스의 특허 입찰에서 공동으로 45억 달러를 투자하여 44억 달러를 부른 구글을 제치고 노텔네트워크가 보유한 6천 개의 특허를 샀다. 그리고 록스타 컨소시엄은 2013년 10월 노텔 특허를 앞세워 구글을 비롯해 삼성전자, LG전

---

13 광개토연구소(대표 강민수)가 분석한 '3D프린터 특허분석과 대응전략' 보고서

자, HTC, ZTE 등 안드로이드 진영 주요 업체들을 미국 텍사스 동부 지법에 무더기로 제소했다.

한편 구글은 2012년 5월에 모토로라를 125억 달러에 인수하여 17,000여건의 특허만 남기고 나머지는 70억 달러에 매각했다. 결국 1만7천여 개의 특허를 55억 달러에 구매한 것이다. 그리고 위의 소송이 있은 2개월 후 구글은 록스타에게 비침해 확인소송을 제기하는 등 반격에 나섰다.

결국 이러한 소송들은 구글과 시스코 등이 구성한 컨소시엄 RPX가 록스타 컨소시엄으로부터 특허 4,000건을 9억 달러에 구입하고, 록스타가 제기한 소송을 합의하거나 철회하는 것으로 막을 내렸다.

특허의 매입은 쉽지 않은 편이다. 우선 특허를 매입하기 위해서는 필요한 특허가 누구에게 있는지에 대한 정보가 필요하다. 이런 정보는 각국 특허청의 데이터베이스를 활용하여 찾아낼 수 있다고 하더라도 그 특허를 소유자가 팔 것인지, 그리고 가격이 얼마인지 알기는 어렵다. 따라서 특허를 매입하는 방식에는 여러 가지가 있다.

[특허 중개기관이나 특허 브로커를 통하는 방법]
중개기관이나 브로커는 자체적인 DB로서 기업이나 기관이 판매하려는 특허들의 리스트를 가지고 있다. 중개기관이나 브로커는 수요자와 공급자 사이를 이어주고 수수료를 가져간다. 가장 일반적인 방식이다.

[거래기관 없이 독자적으로 거래하는 기업 사례]

구글은 2015년 4월에 공공정책 블로그를 통해 '보름동안 당신의 특허권을 사겠다'며 '특허 매입 프로모션'을 열었다. 개인특허권자가 특허의 가격을 정해서 구글에 제시하면 구글은 접수된 특허권을 검토한 후 매입여부를 결정해 특허권 소지자에게 회신하는 방식이다.

[대학이나 연구소 등에서 개최하는 기술설명회 등에 참석하여 매입]

일반적으로 제조기업은 특허를 파는 경우 자신도 특허분쟁에 휘말릴 수 있기 때문에 적극적으로 특허권을 팔지 않는 편이다. 반면, 제품을 생산하지 않는 연구소나 대학 등은 자신들의 특허를 매각하는 데 열성적이다. 자신의 홈페이지에 특허 리스트를 공지하기도 하고, 리스트를 심지어 책으로 발간하기도 한다. 그리고 특허 매각이나 라이센싱을 위한 기술설명회 등을 자주 개최한다.

공공기관이 운영하는 기술거래 사이트를 이용할 수도 있다. 대표적으로 국가지식재산 거래플랫폼(www.ipmarket.or.kr)과 기술은행(www.ntb.kr)이 있다.

국가지식재산 거래플랫폼은 지식재산거래정보시스템(IP-Market)을 통해 기술거래 및 사업화에 필요한 다양한 정보를 제공한다. 플랫폼에 속한 지식재산중개소는 특허거래전문관을 통해 전문적인 기술거래상담, 기술중개협상, 계약자문 등을 지원하여 기술거래를 돕고 있다. 수요자를 중심으로 움직이는 곳이므로, 특허매입을 원한다면 적격인 곳이다. 기술은행은 기술거래, 평가, 금융 지원, 기술요약 정보 등록, 기술 이전 설명회, 기술사업화 정보를 제공하고 있다.

특허권 매각하기

특허권을 매각하는 이유는 여러 가지가 있다. 연구소나 대학은 특허를 제품에 적용할 필요가 없으므로 항상 특허를 매각하거나 라이센싱하고 싶어한다. 기업은 일반적으로 특허를 팔지 않으나 특허포트폴리오 분석을 끝낸 기업이 필요 없는 특허들을 파는 경우도 있고, 자금이 필요한 기업이 특허를 파는 경우도 있다.

일반적으로 특허권 매각은 특허권 매입보다도 어려운 편이다. 특허시장이 수요자를 중심으로 돌아가고 있고, 공급자들이 수요자들보다 훨씬 많기 때문이다. 앞에서 설명한 것처럼 기업이나 연구소는 자신들이 보유한 특허를 팔기 위해 홈페이지에 리스트를 공개하거나 기술이전 설명회를 개최하기도 한다. 특허권 매각을 위해 특허브로커를 활용하는 경우도 있다.

특허권의 매각을 위해, 그 특허에 대한 특허기술가치평가를 수행하는 경우가 많다. 특허의 가치를 알아야 이에 기초해서 매각대금을 정할 수 있기 때문이다.

우리나라에서 특허를 가장 활발하게 거래하고 있는 한국전자통신연구원(ETRI)은 기술이전 설명회를 수시로 개최하고 있다. 기술이전 홈페이지(itec.etri.re.kr)도 따로 운영한다.

참고로 국내 특허권의 거래가는 높지 않다. 미국 특허권의 평균 거래가와 비교해 열배 이상 낮다. 일반적으로 미국특허, 유럽특허, 일본특허, 국내특허 순으로 가격이 낮아지는 편이다. 이는 특허침해소송에서 국가 간의 평균 손해배상 인정액의 차이에 기초한 것으로 보인다. 어차피 침해가 인정이되더라도 한국에서는 손해배상액이 낮으므로 특허권을 비싸게 주고 사거나라이센싱할 필요가 없다는 인식이 주된 이유일 것이다. 그렇지만 언제까지나 국내 특허시장이 이렇게 흘러갈지는 아무도 모른다. 국내에서 특허의 무효율이 낮아지며, 침해소송에서 입증책임의 전환과 징벌적 손해배상제도의도입 등으로 침해소송이 활성화된다면 국내 특허의 가치도 함께 올라갈 것으로 보인다.

라이센싱 활용하기

특허권 라이센싱은 소유권의 이전 없이 특허권자(라이센서)에게 사용허락을 받은 사람(라이센시)이 특허발명의 실시에 대해 일정한 대가(실시료, 로열티등)를 지급하고, 라이센서는 그 대가로 라이센시에게 특허권을 행사하지 않겠다고 약속하는 계약을 말한다.

이러한 라이센싱을 통해 수익을 창출하는 기업이 많다. 미국 특허등록 1위인 IBM은 라이센스 계약에 의한 수입만 해도 연간 10억 달러 이상으로알려져 있다. 퀄컴은 한국에서만 연간 수조원의 특허사용료를 받아간다고알려졌다. 그 외 특허관리금융회사(NPE)들도 기업들과의 라이센스 계약을통해 상당한 수익을 얻고 있다.

라이센서(특허권자)는 라이센싱을 통해 로얄티를 얻을 수 있고, 새로운 시장을 직접 개척할 위험을 회피하고, 기술료와 로얄티 등을 통해 새로운 기술개발을 할 수 있는 등 여러 장점이 있다. 반대로 라이센시(실시권자)의 경우 필요한 기술을 확보하기 위한, 연구개발에 대한 위험을 회피할 수 있고, 라이센서가 보유한 기술을 이용해 신제품이나 새로운 기술을 개발할 수 있다는 장점이 있다.

라이센싱 계약은, 실시권의 형태에 따라서 독점적으로 실시할 권한을 넘겨주는 '전용실시권 계약'과 비독점적으로 실시할 권한을 넘겨주는 '통상실시권 계약'으로 구분된다. 예를 들어 A가 B에게 전용실시권을 설정한다면, B만이 그 특허발명을 실시하게 되며 A는 그 특허발명을 실시할 수 없다. 반면 A가 B에게 통상실시권을 설정했다면 A는 여전히 그 특허발명을 실시할 수 있다. 이 경우 A는 C에게 통상실시권을 추가로 설정할 수도 있다.

전용실시권과 통상실시권의 차이는 중요하므로 잘 살펴야 한다. B가 A의 특허발명에 대해 통상실시권을 받아서 제품을 열심히 만들고 있는데, B보다 자금력이 더 좋은 C가 추가로 통상실시권을 받는다면, B는 시장을 빼앗길 수도 있는 것이다. 이런 경우에는 '전용실시권 계약'을 해야 한다.

반면, B가 특허권을 가지고 있고 자신의 특허발명을 실시하고 싶은데, A의 특허권 때문에 실시를 하지 못하고 있는 경우에는 A로부터 통상실시권만 받아도 충분하다. 어차피 제3자가 B의 특허권 때문에 B의 특허발명을 실시할 수 없기 때문이다. 이런 경우에는 '통상실시권 계약'이 유리할 것이다.

전용실시권 계약에 비해 비용이 현저히 낮기 때문이다.

기업 상호 간에 라이센싱 계약을 하는 경우도 있다. A기업은 B기업의 특허를 이용하고 B기업은 A기업의 특허를 서로 이용하기로 하는 것이다. 이를 포괄적 크로스 라이센싱이라고 한다. 전략적인 문제로 제조사들은 서로 포괄적 크로스 라이센싱 협약을 맺고 있다.

예를 들면 삼성은 마이크로소프트, 구글 등과 포괄적인 크로스 라이센싱 협약을 맺어서 서로의 특허에 대한 침해문제를 걱정할 필요가 없도록 만들어 놓았다. 크로스라이센스 협약을 맺는 경우는 일반적으로 서로 특허에 관한 힘의 균형이 맞을 때이다. 만약 특허 수의 차이, 시장가치의 차이 등으로 형평이 맞지 않는 경우 일방에서 다른 일방으로 로얄티를 지급하기도 한다.

'특허풀'도 라이센싱의 일종이다. 특허풀은 "복수의 특허권 보유자간에 결성된, 복수의 특허를 상호 간에 혹은 제3자에게 라이센스하기 위한 특허권의 집합체" 정도로 정의될 수 있다. 특허풀에서는 여러 특허권자(라이센서)로부터 위탁된 복수의 특허를 묶어서 패키지로 라이센시에게 사용을 허락하고, 이에 대한 사용료를 받아 라이센서에게 합리적으로 배분한다. 특허풀의 예로는 MPEG LA(Moving Picture Experts Group), 비아 라이센싱(Via Licensing) 등이 있다. 표준특허가 있다면 특허풀에 참여하기 쉽다.

IP금융

≫

　IP금융은 지식재산을 중심으로 이뤄지는 각종 금융활동을 말한다. 특허를 담보로 한 대출, 자산유동화, 투자 등을 들 수 있다. 자신의 특허권을 담보로 은행으로부터 대출을 받을 수 있고, 특허권을 회사의 자산으로 편입시키며 자본액을 증자하거나, 특허권을 기초로 기업에 투자자금을 끌어올 수도 있다.

　토지, 건물, 공장, 기계 등과 같은 유형담보의 경우, 부도가 나면 이들을 처분하여 원금 회수가 쉬운 편이다. 하지만 특허권과 같은 무형자산의 경우 이를 처분하여 원금을 회수하기가 어렵기 때문에 IP금융이 시장자체에서 활성화되지 않는 어려움이 있다. 그러나 우수한 기술을 가진 기업에 대한 자금조달, 지식재산 보유기업에 대한 금융 접근성 강화, 금융 선진화 등을 이유로 IP금융을 활성화하기 위한 많은 시도가 정부에 의해 이루어지

고 있다.[14]

현재 국내에서 특허권자가 IP금융을 이용할 수 있는 방법은 다음과 같다.

IP담보대출

기업은 지식재산권(IP)을 담보로 은행에서 대출을 구할 수 있다. 대부분의 시중은행들이 IP금융을 취급하기 때문이다. 다만, 일반적으로 은행은 특허권에 담보를 설정하고 대출을 하는 것을 부담스러워한다. 문제가 있는 경우 특허권을 매각하여 원금을 회수하기가 어렵기 때문이다. 앞에서 우리나라 특허권의 거래가가 상당히 낮은 편이라고 언급했었다. 그래서 일반 은행에서는 기업의 신용도가 좋지 않으면 대출이 어려운 편이다. 이를 보완하기 위해 여러 기관에서는 다음과 같은 대출 상품 등을 운용하고 있다.

1. 중소기업진흥공단 특허담보대출

중소기업진흥공단은 중소기업을 대상으로 특허를 담보로 한 직접대출을 시행하고 있다. 특허권에 대한 자체 기술가치평가를 통해 특허권에 대해 담보(질권)를 설정하며 대출하는 구조이다.

2. 산업은행과 기업은행의 IP담보대출

산업은행과 기업은행에서 취급하는 IP담보대출상품은 산은 지정 평

---

14   현재 우리나라에서 지식재산에 투자되는 금융의 80% 이상이 정부 주도로 공급되고 있다. 그래서 민간이 이를 주도하는 미국, 일본 등의 국가에 비해 뒤쳐져 있다고 평가되는 편이다.

가기관을 통해 지재권에 대한 가치평가를 수행하여, 이를 기초로 지재권에 담보(질권)을 설정하며 담보대출을 해준다. 만약 부실이 일어나는 경우 특허청, 산업은행, 기업은행 등에서 공동출자한 회수지원펀드에서 출자한 특허관리회사가 특허권을 매입하는 구조이다.

3. IP보증담보대출

기술보증기금이나 신용보증기금에서는 특허권을 담보로 하는 보증제도를 운영하고 있다. 특허권을 보유한 중소기업이 기술보증기금이나 신용보증에 보증신청을 하면, 이 기관들은 자체적으로 또는 평가기관을 통해 기술가치평가를 하고, 이에 기초하여 중소기업에게 최대 10억 원 한도의 보증서를 발급한다. 시중은행은 이 보증서를 믿고 중소기업에게 대출을 하게 된다. 만약 부실이 일어나는 경우 기술보증기금이나 신용보증기금이 대부분을 책임지게 되므로, 시중은행이 대출을 해줄 가능성이 매우 높다.

4. TCB기술금융 대출

2014년 금융위원회는 IP 평가를 수행하는 기술신용평가기관(TCB : Tech Credit Bureau)을 지정해 시중 은행에서 기술금융(IP금융)에 활용할 수 있는 제도를 신설했다. 기술신용평가기관이 기업이 보유한 기술정보와 신용정보를 결합, 평가하여 기술신용등급 (신용등급+기술등급)을 산출하여 금융기관 등에 제공하면, 이에 기초해 대출을 하는 구조이다. 기존에 신용정보만 보고 대출을 해주던 제도를 보완한 것이다. TCB 대출규모는 대형은행들의 자체 기술신용평가 시스템 도입을 통해 계속해서 확대될 전망이라고 하니, 중소기업의 자금난에 도움이 될 것 같다. 다만, TCB에 의하더라도 기술정보만 보는 것이 아니고 신용도를 함께 보며, 기업의 신용도가 여전히 대출에 중요한 영향을 준다고 한다.

투자유치

최근 기업특허를 투자대상으로 삼아 수익을 창출하는 IP펀드가 생겨나고 있다. IP펀드는 R&D 위주로 사업을 시작해 기술력은 우수하나 신용등급이 부족한 기업들에 투자한다. 어떤 면에서는, 담보능력이 없는 벤처기업을 집중 육성하는 이스라엘의 '요즈마펀드'와 유사한 기능을 한다.

국내의 경우 2011년 10월 지식재산 운영회사인 아이디어브릿지 자산운용이 자본금 30억 원으로 설립되면서 본격화됐고, 2012년 10월에는 산업은행과 아이디어브릿지가 만든 일종의 사모펀드인 IP펀드가 국내 최초로 출범했다.

산업은행은 IP금융을 활성화하기 위해 2013년에 1000억 원 규모의 중소, 중견기업 지원을 위한 IP펀드를 조성한 바 있고, 2015년에는 산업은행과 기업은행이 각각 500억을 출자해 우수 지식재산권에 직접 투자하는 1000억 원 규모의 한국형 NPE펀드를 조성하기도 했다.

또한 '세일 & 라이선스 백(Sales & License Back)' 방식의 투자가 통신기기 제조업체인 팬텍에 행해진 바 있다. 특허를 IP펀드가 매입하고, 기업이 그 IP에 대한 사용료를 지불하는 방식이다. 팬택은 특허 59건을 펀드에 매각해 250억 원을 조달한 뒤 특허를 임대 사용하면서 사용료를 펀드에 지급하기로 했다.

이와 같이 한국에서의 IP금융으로서의 투자는 막 시작되고 있다. 이제 걸음마 단계를 시작하고 있지만 미국에 비하면 아직 요원하다. 미국은 벌써 1000억 원 이상의 특허자산 또는 특허펀드를 운영하는 50여개의 특허전문 회사가 활동하고 있고, 이들 중 20여곳은 나스닥에 상장됐다고 한다.

그렇지만 한국의 IP펀드는 계속 늘어날 추세이다. 특허권의 존속기간이 20년인 점을 감안하면, 지금 등록되는 특허들이 IP펀드의 투자를 받을 수 있는 가능성은 충분하다.

2019년 12월 특허청과 금융위원회가 발표한 'IP금융 활성화 종합 대책'에 따르면, 2017년 3,697억 원 규모인 IP금융 시장을 IP펀드 조성, 우수 IP 기업 발굴 등을 통해 2022년까지 2조 원대로 성장시킬 계획이라고 한다.

현물출자

특허권의 현물출자는 특허권에 대해 기술가치평가를 수행하여 특허권의 가치를 금액으로 평가받아, 법원의 허가를 받은 후 특허권의 가치에 해당하는 금액을 법인의 재산에 편입시키는 것을 말한다. 회사는 이를 통해 부채 비율을 감소시켜 재무 건전성을 기대할 수도 있다.

법인설립시의 현물출자의 경우 가액 과대평가에 대한 위험이 있어 다른 사원이나 채권자를 해할 염려가 있어 엄격히 규제된다. 법원으로부터 현물출자를 승인 받기 위해서는 공증인의 조사·보고, 공인된 감정인의 감정, 검사인의 조사과정 등을 거쳐야 하고 그 결과를 법원에 보고해야만 한다.

그러나 벤처기업인증을 받은 기업의 경우, 특허권의 현물출자는 훨씬 쉬운 편이다. 벤처기업법 6조 2항은 대통령령으로 정하는 기술평가기관이 산업재산권을 평가한 경우, 위의 과정을 거친 것으로 간주하기 때문이다. 다만, 현물출자를 위한 기술가치평가는 각 평가기관에서 상당히 보수적으로 평가하는 편이다.

기술가치평가

위의 방법들을 추진할 수 있는 기초가 되는 것이 기술가치평가이다. 특허권의 가치를 정확히 평가해야 이를 기초로 대출, 투자, 현물출자 등을 할 수 있기 때문이다. IP가치에 대한 객관적인 심사가 있어야만 여신 및 투자의 리스크를 감소시킬 수 있다. 기술가치평가서는 기술가치 평가기관에 의해 작성되며, 기술가치평가서에는 기술성, 권리성, 시장성, 사업성 등의 항목이 포함된다.

기술가치평가는 다양한 용도에서 활용될 수 있다.[15] 예를 들면, IP보증담보대출에 기술가치평가가 활용된다. 은행에서 특허권을 담보로 대출을 하는 경우, 은행에서 특허권에 대한 담보가치를 평가하기가 쉽지 않다. 또 대

---

15 평가자는 기술가치의 용도를 평가서에 명확하게 기재해야 하며 사용자가 그 용도 외로 사용하는 경우 평가자는 면책된다.

출금을 회수하지 못하는 경우 특허를 적정한 가격에 매각하기가 쉽지 않다.

그런데 기술보증기금에 IP보증을 신청하여 기술가치평가를 받으면 그 담보의 가치를 기술보증기금이 보증한다. 보유 중인 특허의 가치를 평가 받은 후 가치금액 내에서 기술보증기금이 보증을 지원해 주는 것이다. 보증비율이 90~95%라고 하면 은행이 이 특허를 담보로 대출을 해주고 돈을 받지 못한다면 90~95%의 책임을 기술보증기금이 진다는 의미다. 은행은 5~10%의 책임만 지면된다. 이런 보증을 위한 가치평가를 하는 경우, 가치평가비용이 500만 원 내지 2,000만 원이 발생하는데 중소기업이라면 특허평가연계상품을 통해 이를 지원받을 수도 있다.

또한, 기술가치평가는 다양한 활용가능성이 있다. 다음 사례들을 참고하자(자료: 발명진흥회).

[기술거래]
A사는 기술거래시 기술양도를 위한 적정 가격을 산출하기 위해 ○○ 특허에 대한 기술평가를 받았고, 평가결과를 바탕으로 5억6,000만 원에 기술을 양도함.

[사업화판단]
B사는 보유특허기술의 제품화 여부를 고민하다가 기술평가결과를 보고 사업화를 추진하여 성공했으며 기업가치와 주가가 상승함.

[현물출자]

C사는 자본금 증자가 필요했으며 기술가치평가를 기초로 자본금을 16억 원을 증자함.

[소송 및 분쟁해결]

특허권을 침해당한 D사는 법원에서 손해배상액의 주된 판단 자료로 기술가치평가를 활용함.

정부사업 지원 정보   03

중소기업 사업화 지원 및 바우처 사업

ʼ

특허기술평가지원

앞서 살펴본 것과 같이 특허기술평가는 많은 활용도를 가지고 있지만, 특허기술평가에는 일반적으로 5백만 원에서 2천만 원의 비용이 들어간다. 특허기술평가에 대한 중소기업의 비용부담을 덜기 위해 특허청과 발명진흥회는 다음과 같은 사업들을 지원한다.

IP담보대출연계 특허기술평가지원

Ⅰ. 사업개요

- 기업이 보유한 지식재산권의 가치평가를 통하여 지식재산권을 담보로 자금을 조달할 수 있도록 평가비용 지원

■ 특허청 · 한국발명진흥회는 특허기술가치평가에 소요되는 비용을 지원하고 협약은행은 기업추천 및 평가된 금액 내에서 담보대출 실시

II. 지원대상

■ 신청일 현재 등록된 특허권을 보유 및 사업화하여 활용하고 있는 중소기업

III. 지원내용

■ 협약은행이 지정한 발명의 평가기관에서 수행하는 특허기술가치 평가에 소요되는 비용을 지원

구분	평가 총 비용 (VAT 별도)	국고지원액	비고
일반평가	5백만 원	2.5백만 원	국고지원금(2.5백만 원) 제외한 평가비용(2.5백만 원)은 대출시행 금융기관에서 지원

* 지원대상 기업은 평가비용 부담액 없음(단, VAT는 기업 부담)

■ 평가기관의 특허기술가치평가

– 특허권의 담보가치를 정확히 파악하기 위한 특허기술가치평가를 수행하여 그 평가결과를 은행에 제공

- 특허기술가치평가는 발명의 평가기관 중 협약은행이 지정

    한 평가기관*에서 수행

    * 발명의 평가기관 : 기술보증기금, 한국발명진흥회, 농업기술실용화재단, 특허

    법인 다래, ㈜윕스 등

■ 협약은행의 특허권 담보대출

    - 특허기술가치평가 금액 이내에서 특허권을 담보로 설정하고 대

    출*을 시행

    * 대출 시행 여부는 특허기술가치평가 이후 협약은행의 별도 대출심사 결과에

    의함

    - KB국민은행, IBK기업은행은 10억원 한도, KDB산업은행의 한

    도는 은행과 별도협의

보증연계 특허기술평가지원

Ⅰ. 사업개요

■ 기업이 보유한 지식재산권의 가치평가를 통하여 지식재산권을 담

보로 자금을 조달할 수 있도록 평가비용 지원

Ⅱ. 지원대상

■ 신청일 현재 등록된 특허권을 사업화하는 중소기업

Ⅲ. 지원내용

■ 특허청과 한국발명진흥회는 발명의 평가기관이 수행하는 특허기

술가치 평가에 대하여 평가비용을 지원하고, 보증기관은 가치평가 금액 이내에서 기업 당 10억원 한도 보증지원

구분	국고지원금
신용보증기금	5백만 원
기술보증기금	

* 지원대상 기업은 평가비용 부담액 없음(단, VAT는 별도 부담)

- 특허기술가치평가는 발명의 평가기관* 중 보증기관이 지정한 평가기관에서 수행

* 평가기관 : 기술보증기금, 한국발명진흥회, 농업기술실용화재단, 특허법인 다래, ㈜윕스 등

- 보증 시행 여부는 특허기술가치평가 이후 보증기관의 별도 심사 결과에 의함

사회화연계 특허기술평가지원

I. 사업개요

■ 등록된 특허 · 실용신안에 대한 성능분석 및 비교분석, 사업타당성, 가치평가 등을 수행하는 데 소요되는 평가비용을 지원하여, 특허기술의 사업화 및 활용 촉진을 위해 객관적인 평가결과를 제공

II. 지원대상

■ 개인 또는 중소기업으로서, 등록된 특허 · 실용신안 권리자 및 전용

실시권자

Ⅲ. 지원내용

- 특허기술평가 1건당 평가비용의 70%이내 지원하며(자부담 30%), 최대 5천만 원 한도(평가비용에 대한 VAT는 신청인 부담임)
- 지정 평가기관을 통한 「특허기술평가보고서」 작성을 지원함

투자유치용 특허기술평가지원

Ⅰ. 사업개요

- 우수 기술력을 보유한 중소기업 및 개인에 대한 투자심의 시, 투자기관이 공인된 평가기관의 기술평가보고서를 활용할 수 있도록 평가에 소요되는 평가비용을 지원하여, 특허 기술의 사업화를 촉진

Ⅱ. 지원대상

- 사업 추진과정에서 투자유치를 필요로 하는 개인 또는 중소기업으로서, 등록된 특허 · 실용신안 권리자 및 전용실시권자

Ⅱ. 지원내용

- 특허기술평가 1건당 평가비용의 70%이내 지원하며(자부담 30%), 최대 5천만 원 한도(평가비용에 대한 VAT는 신청인 부담임)
- 지정 평가기관을 통한 「특허기술평가보고서」 작성을 지원함

아래는 발명진흥회에서 밝힌 위 사업들에 대한 기업들의 모범사례이다.

휴대용 전자기기 내외장재 제조를 하는 S사는 스마트폰 분야뿐만 아니라 자동차 부품으로 사업영역을 넓히기 위해 '투자연계 특허기술평가' 사업을 신청하여 특허기술평가를 받았다. 이에 기초하여 100억 원의 투자유치에 성공했다.(발명진흥회 '투자연계 특허기술평가' 우수사례)

모바일 마케팅 플랫폼을 개발하는 S사는 초기 투자자금 유치 및 지식재산권 강화를 목적으로 투자유치 인큐베이팅 지원사업에 지원했다. 이를 통해 매칭펀드 및 엔젤투자자금 유치에 성공했다.(발명진흥회 '투자유치 인큐베이팅 지원' 우수사례)

카쉐어링 및 렌터카 플랫폼 서비스를 하는 K사는 투자유치 인큐베이팅 사업에 지원하여 기술사업화 전략수립과 사업계획서 작성, 그리고 투자유치 전략수립과 투자유치 IR진행을 지원받았다. 결과적으로 6억 원의 투자유치와 NIPA 연구개발 과제를 2건 수주했고, 미래부 유망기업 K-Global 300기업에 선정되었다.(발명진흥회 '투자유치 인큐베이팅 지원' 우수사례)

지식재산활용전략지원 사업

특허청과 발명진흥회는 특허나 실용신안 등을 보유한 중소기업의 사업화를 지원하기 위해 다음의 "지식재산활용전략지원사업"을 지원하고 있다.

지원과제 (총사업비/사업기간)		주요 내용
특 허 제 품 혁 신	최대 6천만 원 이내 / 최대 5개월 이내	① (제품문제 해결) 이종분야 특허검색 및 창의적 문제해결방법론을 활용하여 기업의 내부역량으로 해결하지 못한 기존 제품 및 공정의 기술적 문제(성능 · 품질 · 원가)에 대한 혁신적 해결 지원
		② (신제품 발굴) 이종분야 특허검색을 활용하여 기업이 보유 중인 우수기술을 토대로 다른 기술분야의 신제품 아이템을 발굴하고 선정된 신제품 개발 시 요구되는 기술적 문제해결 지원
		③ (IP메디치) 이종분야 특허검색과 기술진화의 법칙을 활용하여, 수요자의 구매의사 결정에 결정적인 영향을 주는 이종분야의 기술을 기업 제품에 융합시켜 혁신적인 제품으로 탈바꿈 시켜주는 기술해결 지원
디 자 인 제 품 혁 신	최대 5천만 원 이내 / 최대 5개월 이내	④ (제품 디자인 개발) 이종분야 특허검색을 활용한 제품의 기능 개선과 사용자 중심의 제품디자인 융합 지원 (디자인 목업* 지원) *디자인 목업: 모양과 규격 등 디자인을 평가하기 위해 디자인 도면에 따라 겉모양만 만드는 목업, 속 가공이 안 된 목업
	최대 2천만 원 이내 / 최대 3개월 이내	⑤ (디자인 개선) 상용중인 제품을 대상으로 특허분석 및 디자인 개선사항을 반영하여 단기간 내 디자인 개선안 제시(3D 모델링* 지원) *3D 모델링: 컴퓨터그래픽 렌더링 과정을 거쳐 실제 물체와 비슷한 양감이나 질감을 표현
특 허 제 품 혁 신	최대 6천만 원 이내 / 최대 5개월 이내	⑥ 기업의 보유역량과 외부자원의 융합을 통한 IP사업화 혁신 지원 ○1차(공통지원) – 기업의 IP경영진단 및 산업 · 시장동향분석을 통한 IP경영전략 및 IP사업화 계획 수립 ○2차(IP사업화 계획에 따른 선택적 지원) – 마케팅 (시장 및 기술트렌드 분석, 소비자 · 경쟁사 분석 / 조사 등) – 신사업 (사업영역 탐색 및 수요예측, 전략개발 등) – 금융연계 (담보대출, 보증 · 투자)지원 등 컨설팅 제공

1. 특허제품혁신 및 디자인 제품혁신

특허제품혁신사업은 다른 분야의 특허를 검색하여 제품에 적용하는 방식으로 제품을 개선한다. 예를 들면 칫솔을 개선하기 위해 면도기 특허를 검색하여 칫솔에 적용하는 방식이다. 다른 분야의 특허를 사용하는 경우 특허의 침해문제를 회피할 수 있기에 가능한 사업이다.

경쟁사와 차별화된 제품을 만들고 싶은 경우, 이 방법을 적용하여 경쟁사와 비교해 디자인이나 기능면에서 차별화된 제품을 만들고는 이에 기초해 원천특허를 취득할 수도 있다.

디자인제품혁신사업은 신제품의 디자인을 개발하거나 상용중인 제품의 디자인을 개선한다. 중소기업의 제품이 대기업 제품에 비해 디자인이 약한 경우가 많은 것을 고려하면 중소기업에 많은 활용도가 있을 것이다.

[성공사례]

온수보일러용 온수펌수 사업을 하는 J사는 펌프의 소음불량 문제를 개선하기 위해 인공펌프와 관련된 특허기술을 벤치마킹했다. 마찰과 진동의 주원인으로 파악된 모터의 구동축을 제거한 새로운 형태의 임펠러 내장모터를 장착해서 이를 해결했다. 이를 통해 온수보일러의 핵심적 요소인 순환펌프의 성능을 개선할 수 있었다. 나아가 해외수출시장에 성공적으로 진입할 수 있었다(자료: 발명진흥회).

2. IP사업화

IP사업화는 기업의 IP경영전략 수립을 지원하고 이에 따른 마케팅 채널 구축, 신사업을 위한 전략적 제휴, 금융연계지원 등 맞춤형 솔루션을 제공한다.

[성공사례]

신재생에너지 부품과 설치사업을 하는 N사는 IP사업화 과제를 통해 경쟁사 대비 기술적 강점을 가진 대상 제품군을 도출했다. 에너지 독립형 재난 통신망, 바람의 불규칙성을 극복하는 풍력 발전기 등 4개 모델이었다. 이를 통해 해외로는 투르크메니스탄에 6kW 독립형 태양광시스템 공급 계약을 체결했다. 국내에서는 ETRI에너지 IT기술연구실에 연구용 풍력발전시스템을 납품하게 되었다(자료: 발명진흥회).

수출 바우처 사업

중소 · 중견기업이 자사의 수출역량에 맞는 수출지원 사업을 자유롭게 선택할 수 있도록 기업에 바우처를 부여하고, 바우처를 받은 기업은 수출 활동 메뉴판에서 필요한 서비스와 원하는 서비스 수행기관을 직접 선택해서 수출 마케팅을 진행하는 사업이다. 특허/지재권/시험의 대분류에서 현지 지식재산권 등록, 특허 · 인증 · 시험 · 수출 IP 전략 컨설팅, 지재권 분쟁 지원 등 특허/지재권/시험 관련 분야 전반에 걸친 서비스를 특허사무소로부터 받을 수 있다.

희망 기업은 수출 바우처 사업 홈페이지(www.exportvoucher.com)를 통해 사업 신청 후, 운영기관의 평가를 통해 참여기업에 선정된다. 참여기업은 기업분담금을 납부한 후 바우처를 발급받아, 메뉴판에 등록된 서비스를 자유롭게 선택하여 이용할 수 있다. 추후 사업이 완료되면 운영기관이 수행기관을 대상으로 사업 비용을 정산한다. 기존의 부처별 다양한 사업들이 모두 모여 있으므로, 지원 규모도 크고 지원되는 회사도 아주 많다.

제조 중소기업 혁신바우처 사업

기술 및 경영능력이 열악한 제조기업을 대상으로 기업진단에 따라 바우처 방식의 맞춤형 서비스를 제공해 제조 중소기업의 경쟁력을 강화하는 사업이다.

지원 규모는 총 58,450백만 원이며, 1,800개 사를 지원하고, 지원 대상은 매출액 120억 원 이하 제조 소기업이다. 지원 내용으로 기술이전 및 지재권 획득 등을 포함하고 있다.

제조중소기업 혁신바우처 사업 홈페이지(www.mssmiv.com) 로그인 후 신청할 수 있고, 문의 사항은 중소벤처기업진흥공단 지역 본 · 지부를 통해 답변받을 수 있다.

스타트업 지식재산 바우처

스타트업이 필요한 시기에 원하는 IP 서비스를 선택하여 지원받을 수 있는 바우처를 제공하는 사이트다.

지원 대상은 창업 7년 미만, 매출 100억 미만 스타트업이고, 지원 규모는 1,476백만 원, 135개 사 내외이다.

국내 · 해외 IP(특허, 실용신안, 상표, 디자인) 권리화, 특허 조사 · 분석, 특허기술 가치평가, 기술이전(라이센싱) 중계 등의 서비스를 특허사무소로부터 받을 수 있다.

지식재산 바우처 사업 관리 시스템(www.biz.kista.re.kr/ipvoucher)에서 신청할 수 있으며, 한국특허전략개발원 특허활용팀(02-3476-1326, 1331, 1352)에서 문의를 받고 있다.

특허를 통한 인증제도 04

판로개척 및 인증

≫

정부는 우수한 특허를 가진 중소기업 제품의 판매를 여러 가지 경로로 지원하고 있다. 예를 들면, 우수제품으로 선정되면 정부기관이나 지자체에서 구매한다. 특허를 보유한 중소기업에게 정부지원사업에서 가점을 주기도 준다. 각종 인증과 관련해서도 특허가 있는 기업에게는 가점을 주고 있다.

조달청 우수제품 제도

조달청 우수제품 제도는 조달물자의 품질향상을 위해 중소기업이 생산한 제품 중 기술 및 품질이 우수한 제품을 평가를 통해 우수제품으로 지정하는 제도다. 통상적인 조달물자가 경쟁입찰 방식인 것과 달리, 우수제품으로 지정된 제품에 대해서는 수의계약[6]을 체결하여 각 수요기관에 조달할

---

16   경매, 입찰 등의 방법에 의하지 않고, 적당한 상대방을 임의로 선택해 맺는 계약

수 있다. 중소·벤처기업의 생산제품 중, 물품과 소프트웨어(software)를 대상으로 적용기술이 적용된 제품을 지정한다. 상세 조건은 조달청 홈페이지(www.pps.go.kr)에서 확인할 수 있다.

우수제품 심사는 2단계로 이루어진다. 1차 심사에서는 대학교수, 특허심사관, 변리사, 산업계 인사 등으로 구성된 우수제품 지정기술심의회가 제품에 대한 기술·품질에 대한 평가를 실시하게 된다. 1차 심사에서 일정한 점수 이상의 평점을 얻은 제품을 대상으로 조달청 계약심사협의회에서 2차 심사를 실시하여 최종 지정하게 된다.

이러한 절차를 거쳐 우수제품으로 지정된 제품에 대해서는 '조달청 우수제품 지정증서'를 교부한다. 우수제품으로 지정된 제품에 대한 지정기간은 지정일로부터 3년이다. 업체에서 연장을 요청할 경우 제품의 품질 및 기술인증, 납품실적, 수의계약 가능 여부, 수출실적 등을 고려하여 최대 3년간 연장할 수 있다.

우수제품으로 지정된 제품에 대해서는 국가계약법령에 따라 수의계약이 가능하다. 이를 통해 수요기관에 공급하고 전시회 개최, 카탈로그 발간, 조달청 인터넷 홈페이지 게재 등의 홍보를 지원하고 있다. 우수조달물품 제도를 통한 연간 구매액은 약 3조 2천억원이다(2020년 기준). 그래서 조달청 우수제품 선정에 대한 경쟁은 매우 치열하다. 제품 분야마다 경쟁률은 다르지만 선정될 확률은 20% 보다 낮은 편이다.

우수제품 선정을 위한 요건 중 특히 중요한 것이 있다. 바로 특허가 제품에 적용되었는지 여부다. 선정을 위한 여러 평가항목들이 있지만 특허적용 여부에 대한 배점이 가장 높다. '구성대비표'라는 항목에 해당기업의 특허와 신청제품의 특허적용여부를 기입하게 되는데, 만약 특허의 청구항에 있는 구성이 일부라도 제품에 적용이 안 되어 있는 것으로 판정된다면 심사를 통과할 수 없다. 필자가 변리사로 조달청 심사에 참여하면서 이 구성대비표를 잘못 작성해 오는 출원인을 너무 많이 보아왔지만, 안타까운 사례들을 그냥 지켜볼 수밖에 없었다. 구성대비표를 작성한 다음에는 반드시 특허전문가를 통해 특허가 제품에 잘 적용되었는지 여부를 재확인하기 바란다.

발명진흥회 - 우수발명품 우선구매추천사업

발명진흥회는 우수발명품 우선구매추천제도를 운영하고 있다. 국가기관, 지방자치단체 또는 그 투자 · 출현기관 및 산하기관 등이 물품을 구매하고자 하는 경우, 특허청장이 개인과 중소기업에서 생산하는 우수발명품을 우선 구매할 수 있도록 추천하는 제도다.[17] 우수발명품의 지원, 육성, 구매증대를 목적으로 한다.

특허등록일 기준 5년 이내의 권리자, 전용실시권자, 통상실시권자로서 중소기업과 개인사업자를 대상으로 한다. 등록된 권리로 제품 양산이 가능해야 하고, 1년에 1회사에서 1제품만 신청이 가능하다.

---

17   조달사업에 관한 법률 제2조, 우수발명품의 우선구매제도(발명진흥법 제39조)

신청인이 신청한 제품에 대해 한국발명진흥회에서 소정의 심사를 거쳐 특허청장이 수요 기관에 우선구매 추천을 한다. 기술 및 제품의 우수성, 가격경쟁력, 시장성, 품질, 물품공급능력 등을 가지고 평가한다.

우수발명품 우선구매추천사업에서 선정되는 경우, 정부 및 공공기관 우선구매 추천의 대상이 된다. 우선구매추천의 유효기간은 최초 추천일로부터 3년간이다. 우수발명 우선구매 추천을 받은 경우, 기술표준원 신제품 인증심사 때 신기술을 증명하는 자료로도 활용이 가능하다. 그리고 조달청 우수제품 지정심사 때 일부 가점이 부여되어, 조달청 우수제품 신청 전에 이 사업을 신청하는 경우도 종종 있다.

한국발명진흥회 홈페이지(www.kipa.org)에서 우수발명품 우선구매추천사업을 찾아서 신청을 하면 된다. 자세한 문의 및 안내는 한국발명진흥회 사업담당부서로 하면 된다.

기업에 대한 인증 – 벤처기업 인증

벤처기업이란, 다른 기업에 비해 기술성이나 성장성이 상대적으로 높아 정부에서 지원할 필요가 있다고 인정하는 기업을 말한다. 벤처기업 인증을 받게 되면 아래와 같은 다양한 혜택을 받을 수 있다.

1. 법인세, 소득세 50% 감면(조세특례제한법 6조 2항)
2. 등록면허세 면제(조세특례제한법 119조)
3. 취득세 75% 감면(단, 사업용자산일 경우에만, 2015년 개정)

4. 재산세 50% 감면(조세특례제한법 121조)

5. 농어촌특별세 비과세(농어촌특별세법 4조)

특허권을 이용해서 벤처기업요건을 갖추려면 '기술평가보증기업'으로 신청하거나 '기술평가대출기업'으로 신청하면 된다. 기술보증기금이나 중소기업진흥공단으로부터 특허권에 기초한 기술평가를 하여, 기술보증기금의 보증 또는 중소기업진흥공단의 대출이 8천만 원 이상이면 기술평가보증기업 또는 기술평가대출기업이 될 수 있다.

기업에 대한 인증 – 기술혁신형 중소기업(이노비즈) 인증

이노비즈란 innovation(혁신)과 business(기업)의 합성어로 기술 우위를 바탕으로 경쟁력을 확보한 기술혁신형 중소기업을 지칭한다. 이노비즈 인증은 창업 후 3년이 경과한 중소기업을 대상으로 하며, 특허가 있는 경우 가점이 있다. 인증을 받는 경우 다음과 같은 혜택이 있다.

구분	주요지원내용
R&D지원	기술혁신개발사업, 구매조건부기술개발, 쿠폰제경영컨설팅지원, 해외규격인증획득지원 등 중소기업청 지원사업의 선정평가시 가점(2점-10점)
금융지원	기술보증기금의 기술평가시 보증지원 우대, 농업분야 중소기업의 신용보증지원 우대, 수출보험공사의 수출보증, 보험지원 우대 등
인력지원	산업기능요원제도, 전문연구요원제도, 병역특례 연구기관 지정 등 가점
판로지원 (수출포함)	조달청 물품 적격심사(신인도 평가) 가점부여, 조달청의 우수제품 선정 심사 가점부여, 공공구매의 중소기업간 경쟁제도 낙찰자 결정심사(신인도 평가) 가점부여 등
기타지원	특허청의 특허 출원 시 우선 심사대상 등

제품에 대한 인증 – 신제품 인증(NEP; New Excellent Product)

국내에서 최초로 개발된 기술 또는 이에 따르는 대체 기술을 적용한 제품을 정부가 인증하고, 제품의 초기 판로 지원과 기술 개발을 촉진하기 위한 제도이다. 국가기술표준원에서 위탁을 받은 신제품인증센터에서 시행하고 있다. 인증 대상은 국내에서 최초로 개발된 기술 또는 기존 기술을 혁신적으로 개선·개량한 우수한 기술을 핵심 기술로 적용하여 실용화가 완료된 제품 중 성능과 품질이 우수한 제품으로서 경제적·기술적 파급효과가 큰 제품으로 3년을 지나지 않은 제품이다. 신제품인증을 받은 제품에 대해 공공기관 구매예산의 20%를 수의계약하도록 되어 있으며, 인증의 유효기간은 3년이다. 인증 난이도가 높은 편이다.

제품에 대한 인증 – 신기술 인증(NET; New Excellent Technology)

국내에서 최초로 개발된 기술 또는 제품의 품질, 성능 및 제조 공정을 평가하여 우수한 기술 및 제품에 대해서는 신기술 또는 제품에 신기술 마크(NT)를 부여하는 제도이다. 한국산업기술진흥협회에서 시행하고 있다. 국내 최초 신기술로서 상품화한 지 3년 이내의 제품 또는 개발된 지 3년 이내의 제조 기술과 식품, 의약품 및 전문 의료 기기, 건설 시공 기술, 항공기, 선박, 철도 차량, 자동차 등의 완성품 등이 인증 대상이다. NT 신기술 및 제품은 홍보, 판로, 자금 등의 지원을 받는다. 인증 난이도가 높은 편이다.

제품에 대한 인증 – 중소기업청 성능인증

성능인증제도는 중소기업청에서 중소기업이 개발한 기술제품의 성능을 인증하여 공공기관의 기술개발제품의 구매를 지원하는 제도이다. 지원대상은 중소기업 기본법에 따른 중소기업이며, 인증대상품목은 신기술 인증제품, 특허제품, 기술혁신개발제품, 벤처기업 및 기술혁신형 기업 제품 등이다. 성능인증의 대상이 특허제품의 경우 특허등록일로부터 7년 이내의 것이어야 한다. 유효기간은 인증일로부터 3년이다. 성능인증 취득과 동시에 '기술개발제품 우선 구매제도'의 대상으로 편입되며, 신기술 인증이나 신제품 인증보다는 난이도가 낮은 편이다. 성능인증을 받은 후 조달청 우수제품을 신청하는 경우가 많다.

특허를 최대한 이용하자

위에 소개한 바와 같이 특허가 있는 경우 이용할 수 있는 제도나 취득가능한 인증이 상당히 많은 편이다. 지면상 여기에 소개되지 않은 제도와 인증이 많다는 점도 밝혀둔다.

나아가 정부는 R&D사업에 대해 특허출원이나 등록특허를 보유할 경우 가점을 부여하고, 중소기업에 대한 정책자금의 심사에서도 특허에 대해 가산점을 부여하고 있다.

특허 절세

정부는 특허를 보유한 중소기업 등에 대해 세제 혜택을 부여하고 있다. 잘 활용하면 세금을 아낄 수도 있으므로 잘 알아두자.

직무발명보상금활용

종업원이 회사로부터 받게 되는 직무발명 보상금에 대해서는 소득세가 비과세된다. 소득세법에서 '종업원이 발명진흥법 제15조에 따라 사용자로부터 받는 보상금에 대해서는 소득세를 과세하지 아니한다'[18]고 규정하고 있기 때문이다. 여기의 종업원은 법인으로부터 급여를 받는 대표이사도 해당된다. 다만 2017년 개정 소득세법은 '소득세법상 근로소득(퇴직 후에는 기타소득)에 해당하는 발명진흥법에 따른 직무발명보상금에 대한 비과세 한도를

18　소득세법 제12조 제5호 라목

연 300만 원으로 함'이라고 하여 비과세 한도가 생겨버렸다. 직무발명 보상금에 대한 비과세는 직무발명의 활성화를 위해 도입되었지만 세제 혜택이 악용되는 사례가 있어서 일정 금액으로 제한을 둔 것으로 여겨진다. 2019년에 한번 상향되어 지금은 1년에 500만 원 한도까지만 소득세 비과세 혜택을 받을 수 있다.

한편 기업은 종업원에게 직무발명보상금으로 지출한 금액에 대해 연구·인력개발비 세액공제를 적용받을 수 있다[19]. 법인이 지급한 직무발명보상금이 100% 비용처리가 되면서, 추가로 세액공제가 적용되는 것이다. 중소기업의 경우 연구개발비 세액공제율이 일반적으로 25%인 점을 고려하면 상당한 절세효과가 있다. 예를 들면, 중소기업에서 직무발명보상금으로 5억 원을 지출한 경우, 전액 비용처리를 통해 법인세와 주민세 1억1천만 원을 절감할 수 있다(과세 표준이 20%인 경우). 나아가 연구개발비에 대한 세액공제로써 법인세 1억2천500만 원을 더 절감할 수 있다(중소기업으로서 연구개발비 세액공제율을 25%로 설정한 경우).

특허권 매각을 통한 가지급금 정리

가지급금은 회사가 지출했지만 거래의 내용이 불분명하거나 증빙하기 곤란한 금액이다. 회사의 대표로서는 처리하기 곤란한 경우가 많고, 놔두자니 가지급금에 대한 이자를 내야 한다.

19　조세특례제한법 제10조 및 동법시행령 제8조 제1항 관련 별표6

만약 대표이사가 회사영업에 필요한 기술의 특허권을 보유하고 있다면, 그 특허권을 법인에 매각하는 방식 등으로 대표이사의 가지급금을 정리할 수도 있다. 특허권의 양도는 기타 소득으로 과세되고, 법률에 따라 양도가액의 60%가 필요경비로 인정되기 때문이다. 그래서 양도금액의 40%에 대해서만 종합소득에 합산되어 과세된다. 즉, 천만 원을 특허권 양도의 대가로 받는다면 4백만 원에 대한 소득세만 부과된다는 의미이다. 천만 원을 급여로 받는 경우 천만 원에 대한 소득세가 부과되는 것에 비해 현저히 유리하다.

단, 대표이사와 법인과의 거래이므로 특수관계자간 거래에 해당하기 때문에, 정당한 기술가치평가를 통해 특허권의 가액을 평가하고 적정금액으로 양도해야 한다.

SPEAK
PATENT

Part 04

특허
전쟁에서
이기는 법

특허를 침해하면 어떻게 되나요? 01

특허침해 사례들

≫

1991년 코닥은 즉석사진기술의 특허침해에 대한 침해소송에서 패소해 특허권자인 폴라로이드에게 8억7300만 달러의 손해배상금을 물어줘야 했다. 나아가 이와 같은 손해배상뿐만 아니라 침해로 인정된 카메라를 수거하고, 15억 달러가 투자된 공장을 폐쇄했으며 700명의 종업원을 해고하는 최악의 상황을 맞이했다. 즉석카메라 시장에서 퇴출된 것이다. 소송비용까지 포함한 총비용은 30억 달러를 상회한 것으로 알려졌다. 이처럼 침해가 인정되는 경우 손해배상을 해야 할 뿐만 아니라 제품 생산과 판매가 금지될 수 있다. 그러면 그 제품을 위한 연구개발비, 마케팅비, 생산비, 유통비 등이 순식간에 매몰되게 된다.

중국의 저가 스마트폰 제조업체 샤오미는 2014년 12월에 인도에서 스마트폰에 대한 판매금지를 당했다. 인도 델리고등법원이 스웨덴 기업 에릭

슨이 제기한 샤오미의 스마트폰에 대한 판매중지 가처분 신청을 받아들였기 때문이다. 에릭슨은 샤오미가 GSM, WCDMA 등 통신과 관련된 특허를 협의 없이 무단으로 썼다고 주장하며 특허 비용 지불과 활동 금지를 요구했다. 가처분이 인용되어 샤오미는 인도시장에서 미디어텍 칩이 탑재된 스마트폰의 수입과 판매, 광고 등을 모두 중단해야 했다. 다만, 퀄컴과 특허권 사용료 지불 조건으로 퀄컴칩을 사용한 스마트폰의 판매는 할 수 있어 인도시장에서 철수한 것은 아니다. 다만 퀄컴은 스마트폰 가격의 2.5%~5%의 로열티를 받고 있어 샤오미의 부담이 클 것이다.

이처럼 특허침해는 한 기업에게 생사가 달린 문제다. 특허소송에서 패소하는 경우 사업이 중단되거나 시장을 잃을 수 있기 때문이다.

특허권자를 위한 대응 기술

≫

분쟁의 시작

특허권자 입장에서 특허분쟁은 주로 경고장을 발송하는 것으로 시작된다. 특허권자가 경고장을 먼저 보내는 이유는 상대방의 특허침해가 고의라는 사실을 입증하기 위해서다. 경고장을 받았는데도 피의자가 계속해서 제품을 판다면 침해라는 것을 몰랐다고 하기 어렵기 때문이다.

국내에서 고의가 입증되면 특허 침해죄가 성립하고 형사처벌의 대상이 된다. 한편, 미국에서는 고의가 입증되면 징벌적 손해배상이 적용되어 3배의 배상금을 물게 된다.

경고장으로 시작한 분쟁은 협상을 통한 합의, 소송을 통한 판결이나 화해, 또는 조정절차 등으로 종결된다. 즉, 경고장을 보낸 후 서로 합의가 잘 되면 소송을 제기하지 않고도 분쟁이 해결될 수 있다. 상대방이 침해한 제품을 폐기하고 손해배상을 하거나, 라이선스 계약을 체결하는 경우 등이다. 그러나 합의가 안 되면 침해소송 등이 진행이 되고, 긴 소송 끝에 판결로 결론이 나거나, 소송 중간에 화해를 하여 사건이 종료된다. 최근에는 중재나 조정절차를 통해 사건을 해결하기도 하는데, 소송에 비해 시간과 비용이 절약되는 장점이 있다.

경고장에 대하여

경고장에는 특허등록번호, 침해제품, 그리고 특허권자가 바라는 해결방법, 회신기한 등이 기재된다. 특허등록번호는 등록된 특허의 번호를, 침해제품은 피해자의 제품 중 특허를 침해하고 있는 제품명이나 모델명 등을 특정해야 한다.

특허권자가 바라는 해결방법은 크게는 침해중단요청 또는 라이선스 체결이다. 침해중단의 요청은 당신의 제품이 우리 특허 ○호를 침해하고 있으므로 즉시 제품과 생산설비를 폐기하고 손해배상을 하라고 요청하는 것이다. 이때에는 특허권자가 경쟁자를 시장에서 배제시키고 시장을 독점하기 위한 경우가 많다.

라이선스 요청은 당신의 제품 ○○이 우리 특허 ○○를 침해하고 있으므로 로열티를 지불하라는 것이다. 특허권자가 제품을 판매하고 있지 않거나, 판매하고 있더라도 시장을 독점할 필요가 없는 경우에 주로 요청하게 된다.

특허침해소송에 대하여

특허침해소송은 크게 특허권자가 자신의 권리를 침해한 자에게 침해의 중지를 구하는 특허침해금지청구소송과, 고의나 과실로 자신의 특허권을 침해한 자에 대해 손해의 배상을 구하는 손해배상청구소송을 말한다. 특허침해소송은 경고장을 보낸 후에 제기하기도 하지만, 경고장 없이 바로 특허침해소송을 제기하기도 한다. 상대방에게 준비할 시간을 주지 않기 위해서다.

특허침해소송은 구체적으로 아래와 같이 구분할 수 있다.

[특허침해 가압류]

특허권자는 특허침해로 인한 손해배상 채권에 기초하여 침해자의 재산에 대해 가압류를 신청할 수 있다. 가압류 승소 시 침해피의자의 재산을 압류하여 장래의 강제집행을 보전할 수 있을 뿐더러, 침해피의자에게 경영상 상당한 피해를 줄 수 있다.

[특허침해가처분]

특허권자는 자신이 침해되고 있음을 이유로 침해금지명령을 발해줄 것을 법원에 청구할 수 있는데, 특히 본안에 관한 최종적인 심리이전의 단계에서 침해피의자에게 잠정적인 침해금지명령을 내리는 것을 가처분이라고 한다. 가처분 승소 시 본안소송까지 가지 않아도 침해자의 특허침해행위를 바로 중지시킬 수 있다. 빠르면 6개월 이내에 침해금지 가처분명령을 받을 수도 있는데, 상대방은 제품생산이 즉시 중단되는 큰 타격을 받는다. 특허권자에게는 매우 실효적이고 강력한 공격수단이다.

다만, 침해금지가처분이 인용되기 위해서는 피보전채권의 존재와 보전의 필요성이라는 추가적 요건에 대한 소명이 필요하다. 특허가 무효가 될 사정이 보이거나 가처분을 인용해야할 급박한 사정이 없다면 가처분 신청이 기각될 수 있다는 뜻이다. 그래서 가처분청구 여부에 대해서는 신중한 판단이 필요하다. 가급적 침해입증이 용이하고 특허의 무효가능성이 낮은 경우에 선택하는 것이 좋다.

[특허침해금지 및 손해배상청구]
특허권자 또는 전용실시권자는 권리를 침해한 자 또는 침해할 우려가 있는자에 대하여, 침해행위를 조성한 물건의 폐기, 침해행위에 제공된 설비의 제거 등 침해예방에 필요한 행위를 청구할 수 있다(침해금지 청구). 나아가 특허권자는 고의 또는 과실로 권리를 침해한 자에 대하여 손해배상을 청구할 수 있다(손해배상청구). 이를 가압류, 가처분과 구별하여 본안소송이라 한다.

기타 해결제도
(1) 적극적 권리범위확인심판 청구
특허권자는 특허심판원에 적극적권리범위확인심판을 청구해서 유리한 심결을 받아놓고, 이를 특허침해소송에서 유력한 증거자료로 쓸 수 있다.

(2) 형사상 고소 – 침해죄, 몰수

우선 특허권자는 특허권을 고의로 침해한 자를 고소하여 침해죄를 물을 수 있다. 7년 이하의 징역 또는 1억 원 이하의 벌금이 이에 해당한다. 특허 침해죄는 친고죄이므로 침해를 알게 된 날로부터 6월 이내에 제기해야 한다.

또한 침해행위를 조성한 물건 또는 그 침해행위로부터 생긴 물건은 몰수하거나 피해자의 청구에 따라 그 물건을 피해자에게 교부한다.

조정제도

조정은 법원이나 심판이 아닌 전문가로 구성된 중립적인 기구나 위원회를 통해 당사자 간의 합의를 끌어내는 것을 말한다. 성공하는 경우 법원이나 심판을 통해서 해결하는 데 소요되는 비용과 시간을 절약할 수 있다.

우리나라에서는 특허청이 설치한 「산업재산권 분쟁조정위원회」에서 당사자간의 합의를 유도해 내고 있다. 분쟁조정 신청 시, 전담 조정부를 구성하여 상호 간의 합의를 통한 분쟁해결을 유도하며, 조정이 성립될 경우, 수년이 걸릴 분쟁을 수개월 내에 해결할 수 있다. 신청절차가 간편하며 조정 과정에서 비용이 들지 않고, 모든 절차를 비공개로 진행한다. 합의에 도달하여 조정조서를 작성하면 재판상 화해가 성립되어 확정판결과 동일한 효력을 가지게 된다.

[조정제도를 위한 연락망]
신청문의: 특허청 산업재산보호정책과(042-481-5925)
산업재산권 분쟁조정위원회 koipa.re.kr/adr

분쟁조정관련 무료상담 및 신청서 작성지원

산업재산권·직무발명: 공익변리사 특허상담센터(www.pcc.or.kr, 02-6006-4300)

영업비밀 : 영업비밀보호센터(www.tradesecret.or.kr, 1666-0521)

협상

소송을 통한 해결은 많은 시간과 비용을 수반한다. 협상이 성립하는 경우 분쟁을 조기에 종결할 수 있으므로, 경고장에 대응한 상대방이 협상하려는 의지가 있다면 충분히 고려해볼 대응방안이다.

≫ 더 알아보기

권리범위확인심판에 대하여

권리범위확인심판은 적극적권리범위확인심판과 소극적권리범위확인심판으로 나누어진다. 적극적권리범위확인심판은 'A제품은 특허 ○호의 권리범위에 속한다'라는 주문을 구하는 심판이다. 그리고 소극적권리범위확인심판은 'A제품은 특허 ○호의 권리범위에 속하지 않는다'고 주문을 구하는 심판이다.

이러한 권리범위확인심판의 심결은 특허침해소송에서 유력한 증거자료로 쓸 수 있다. 권리범위확인심판은 침해소송보다 훨씬 기간이 짧다. 특허침해소송이 1~2년 이상 걸리는 것과 달리 수개월이면 심판결과가 나온다. 그래서 권리범위확인심판에서 유리한 심결을 받아놓고 침해소송에서 이를 이용하는 전략도 자주 사용되곤 한다.

다만, 법원은 현재 권리범위확인심판의 심결에 대해 법원에 대한 구속력을 인정하지 않고 있다. 권리범위확인심판에서 불복할 경우 특허법원에서 심결취소소송으로 재판하게 되는데, 이 판결에 대해서도 법원은 구속력을 인정하지 않는다.[20]

그러므로 현재와 같은 제도 하에서는 침해여부가 명백하다면 권리범위확인심판보다는 가처분을 이용하는 것이 시간을 절약할 것이다. 그러나 침해여부의 입증이 어려운 사건이라면 권리범위확인심판을 이용하는 것이 바람직하다.

---

20   그러나 특허법원에서 심결취소소송으로 판결한 쟁점에 대해서도 구속력을 인정하지 않는다면 침해소송의 항소심이 특허법원의 전속관할로 지정된 지금 시점에서, 특허법원이 침해소송의 항소심에서 판단한 것은 구속력이 있고, 심결취소소송의 항소심에서 판단한 것은 구속력이 없게 된다. 모순적이며 시간의 낭비일 수 있다는 견해가 있다. 만약 상대방이 권리범위확인심판의 심결에 대해 불복하지 않는 경우 특허심판의 심리에서 입증된 것이므로 유력한 증거자료로 이용하고, 상대방이 불복하여 특허법원의 판결까지 받은 것이라면 구속력을 부여해야 제도를 효율적으로 이용할 수 있을 것이다.

내 특허가 침해당했을 때   03

특허권자를 위한 공격 전략

≫

일반적으로 특허권 침해를 당한 기업의 대표는 특허사무소로 찾아와서 당장 경고장을 보내달라고 하는 경우가 많다. 자신들이 시간과 노력을 기울여 만든 제품을 똑같이 베낀 기업에 대한 분노 때문일 것이다. 이런 경우 필자는 일단 고객을 진정시키는 편이다. 경고장을 잘못 보냈다가 시간적/금전적 손해를 본 사례들을 많이 보았기 때문이다. 가장 흔한 경우가 경고장을 보낸 후에 특허무효심판이 청구되거나 소극적 권리범위확인심판이 청구되는 사례이다.

경고장을 보내기 전 체크리스트

경고장을 보낸다는 것은 적국에 선전포고를 하는 것과 같다. 전쟁을 이기기 위해서는 먼저 적을 알고, 나를 알아야 하는 것처럼, 특허전쟁을 하기 위해서는 상대방 제품과 자신의 특허에 대한 정확한 판단이 선행되어야 한다.

경고장을 보내기 전 사전적으로 검토해야 할 내용들이 있다.

1. 침해검토

정말 상대방 제품이 내 특허를 침해하고 있을까? 이는 자신의 특허 청구항과 상대방의 제품과의 비교가 선행되어야 한다.

2. 유효성 검토

내 특허는 약점이 없을까? 자신의 특허의 약점에 대해서도 미리 파악을 해놓아야 한다. 만약 자신의 특허에 무효사유가 있다면 괜히 경고장을 보내서 무효심판의 빌미를 만들 수도 있다.

3. 소송상 실익검토

소송에 걸리는 시간과 비용은 얼마나 될 지, 승소 시 받을 수 있는 배상액은 얼마나 될 지도 고려해야 한다. 이겨도 얻을 것이 별로 없다면 안타깝지만 소송으로 가지 않는 것이 낫다. 경고장을 보내고 협상을 통해 침해를 중지시키거나 합의금을 받아내는 정도로 만족하는 것이 낫다.

4. 경고장의 문구

마지막으로 경고장에 들어가는 문구 하나하나를 신경 써서 검토할 필요가 있다.

과거에 침해자의 거래처에 경고장을 보내서 즉시 침해를 중단하라고 요청한 변호사 A씨는 '특허권을 침해하는 물품을 유통시키지 않았는데 되레 특허침해를 중지하라는 경고장을 보내서 거래를 중단시켜 손해를 입었으므로 모두 2억 770여만 원을 배상하라'는 판결을 받았다.

특허침해여부를 확실하게 판단하지 않고 침해자뿐만 아니라 침해자의 거래처에게 경고장을 보내서 손해를 입힌 경우이므로 이를 배상해야 한다는 내용의 판결이니 참고할 필요가 있다.

경고장을 보낼 때 체크리스트

경고장을 보내는 것은 선전포고나 다름없다고 했다. 따라서 경고장을 보낼 때는 다음 세 가지 사항을 준비해서 앞으로 일어날 일들에 대비해 놓아야 한다.

1. 특허권 확보

분쟁에 사용될 특허권을 잘 확보해 놓아야 한다. 침해제품에 적용된 하나 이상의 특허권이 있어야 한다. 적어도 하나의 특허권이 최소 조건이지만 효율적인 전쟁을 위해서는 여러 개의 특허권이 있으면 더 좋다. 하나의 제품에 적용된 3개 이상의 특허가 있다면 상대방은 싸우지도 않고 항복할 수 있다. 그렇지만 1개의 특허가 있다면 상대방은 전쟁을 택할 수도 있다. 무효심판이 제기될 수도 있고, 소극적권리범위확인심판을 제기할 수도 있다. 또 침해부존재소송이 제기될 수도 있다. 그러나 만약 그 제품에 적용된 자사특허가 3개 이상이라면 이야기가 다르다. 상대방은 3개를 모두 무효화시키는 것보다는 합의를 하려 할 것이다. 그래서 가능하다면 상대가 침해하고 있다고 판단되는 다른 특허를 매입한 뒤, 경고장을 보내는 것도 좋은 전략이다.

2. 증거자료 확보

경고장을 보내는 순간 상대방은 침해에 대한 증거를 없애기 시작할 것이다. 침해로 인한 손해배상소송에서 손해액의 입증은 침해를 주장하는 사람의 몫이므로 최대한의 자료를 확보해 놓아야 한다. 워낙 이 입증이 어려우므로 일실이익의 추정규정 등도 있다.

3. 대응전략의 준비

대응전략을 미리 준비해 놓아야 한다. 그 사건을 담당할 대리인을 선정해 놓는 것도 이에 포함된다. 그리고 합의로 끌고 가서 라이선스료를 받을지, 소송으로 끝까지 가서 상대방을 시장에서 퇴출시킬지도 미리 판단할 필요가 있다. 누가 전쟁을 수행할지, 어떠한 방식으로 전쟁을 할지도 정하지 않고 경고장을 보낸다면 전쟁을 생각하지 않고 선전포고를 하는 것과 마찬가지다.

만약 승소에 자신이 있다면, 경고장을 보내지 않고 바로 침해금지청구, 손해배상청구 등을 할 수도 있다. 경고장을 보내는 경우 상대방이 대비할 시간을 가지게 되므로, 상대방이 고의라는 등의 명백한 사정이 있거나 침해가 확실한 경우에는 바로 소송을 제기하는 것도 좋은 방법이다.

침해 주장을 받았을 때   04

실시자를 위한 방어 전략

실시자 입장에서 특허분쟁은 주로 경고장을 받으면서 시작된다. 또는 법원으로부터 특허침해소송의 소장을 송달받는 것으로 시작되기도 한다. 특허분쟁에서 방어자가 취할 수 있는 조치는 일반적으로 다음과 같다.

무효심판 청구

특허의 신규성이나 진보성을 부정할 수 있는 선행문헌을 발견한 경우 특허에 무효심판을 청구할 수 있다. 무효심판이 인용된다면 그 특허권을 소급적으로 소멸시킬 수 있다.

소극적 권리범위확인심판

"○○제품은 ○○특허권의 권리범위에 속하지 아니한다"는 특허심판원의 확인을 구할 수 있다. 침해소송에서 유력한 증거자료로 이용할 수 있다.

침해부존재 확인의 소

침해피의자의 입장에서 특허권의 침해가 존재하지 않는다는 것을 확인하는 소이다. 침해피의자의 입장에서 관할을 유리하게 가져갈 수 있다는 것은 장점으로 보인다.

소송상 항변

아래는 소송에서 방어할 수 있는 항변들이다. 판례에 의해 인정되는 수단이므로, 해당되는 경우가 있다면 적극적으로 사용하자. 경고장에 대한 답변으로서 사용해도 좋다.

[공지기술 제외의 원칙]

특허의 신규성이 부정되는 선행문헌이 발견된 경우 이용할 수 있다. '등록된 특허발명의 전부가 출원 당시 공지공용의 것이었다면 그러한 경우에도 특허무효의 심결의 유무에 관계없이 그 권리를 인정할 근거가 상실된다'라는 것이 대법원의 판결이다(1983. 7. 26. 선고 81후56 전원합의체).

[권리남용의 항변]

특허의 신규성이나 진보성이 부정되는 선행문헌이 발견된 경우, 무효인 특허권에 기초해 권리행사를 하는 것은 권리남용이라고 주장을 할 수 있다. 대법원은 '특허발명에 대한 무효심결이 확정되기 전이라고 하더라도 특허발명의 진보성이 부정되어 그 특허가 특허무효심판에 의하여 무효로 될 것임이 명백한 경우에는 그 특허권에 기초한 침해금지 또는 손해배상 등의 청구는 특별한 사정이 없는 한 권리남용에 해당하여 허용되지 아니한다고 보아야 하고, 특허권침해소송을 담당하는 법원으로서도 특허권자의 그러한 청구가 권리남용에 해당한다는 항변이 있는 경우 그 당부를 살피기 위한 전제로 특허발명의 진보성 여부에 대해 심리·판단할 수 있다고 할 것이다'고 판시한 바 있다(대법원 2012.01.19. 선고 2010다95390).

[포대금반언의 원칙]

상대방이 특허 등록과정의 중간사건에서 인용문헌 등에 대응하기 위해 권리범위를 좁혀버렸다는 사정이 있다면, 그 포기된 권리범위에 대해서는 특허권을 행사할 수 없다는 것이다.

[자유기술의 항변]

자유기술의 항변이 있다. 자사의 제품이 특허제품 출원 전의 기존 공지기술과 극히 유사한 제품이라면 누구나가 쓸 수 있는 자유기술이기 때문에 특허권의 권리범위에 속하지 않는다고 항변하는 것이다.

협상

경고장을 받았다고 꼭 특허침해소송을 해야 하는 것은 아니다. 대부분의 사건은 소송 전에 협상으로 마무리된다. 설사 소송이 제기되었더라도 합의만 된다면 소송은 종결된다. 특허가 무효될 만한 사유나 침해가 아니라는 명백한 증거 등이 있다면, 소송까지 가지 않고 적절히 협상하여 사건을 조기에 마무리지을 수 있다.

과거에 필자가 선배 변리사로부터 들은 이야기이다. 고객의 요청으로 상대방에게 경고장을 보내자마자, 상대방 변리사가 그 특허의 무효자료(선행문헌)를 들고 저녁때 조용히 찾아왔다는 것이다. 증거가 너무 명백해서 경고장을 철회하는 것으로 합의했다고 한다.

경고장, 무엇을 확인해야 할까요?   05

경고장 대처 요령

A업체의 대표가 얼굴이 새파랗게 질려서 특허사무소로 들어섰다. 어제 특허침해 경고장을 받았다는 것이다. 경고장을 살펴보니 인천에 사는 B씨로부터 온 경고장이었다. 내용은 'A사의 NC절삭기계는 B씨의 특허 10-2016-○○○○○○○를 침해하고 있으니 침해를 즉각 중단하라'라는 내용이었다.

"어떡하죠? 벌써 설비를 다 갖추고 납품계약까지 다 되어 있어요. 투자된 돈만 수억 원인데요…" 새파랗게 질린 A업체 대표가 말꼬리를 흐리며 한숨을 길게 내쉬었다.

"잠시만요…. 좀 이상하네요. 특허라고 쓰여 있지만 10-2016-○○○○○○○는 특허등록번호가 아닌 출원번호에요. 한번 검색해 봐야겠습니다."

필자는 그 자리에서 출원번호로 검색해 보았으나 아무것도 검색되지 않았다.

"특허공개도 되지 않은 출원이군요. 대응할 가치가 없습니다. 걱정 안 하셔도 되겠어요. 특허는 등록이 되어야만 침해금지를 주장할 수 있습니다. 물론 등록 전에도 보상금 청구권이 있지만 그것도 자신의 특허출원이 공개돼야 주장할 수 있는 권리입니다. 더욱이 NC기계 중에서 어떤 제품인지도 특정되어 있지 않아요. 대표님이 절삭기계 1종만 만드시는 건 아니잖아요? 경고장을 보낸 분이 특허에 대해 잘 모르고 있네요." 그때서야 A업체 대표는 한시름 놓으며 웃었다. 이렇듯 침해경고장 중에는 무시해도 될 만한 경고장이 있다. 그래서 다음과 같은 과정에 따라 경고장을 검토할 것을 권한다.

경고장의 서지사항 확인하기

경고장을 받으면 우선 가장 중요하게 검토해야 하는 것은 다음 두 가지다.

(1) 문제되는 특허의 특허번호가 있는가?
(2) 특허침해 제품을 특정하고 있는가?

두 가지 중 하나라도 부족하면 그 경고장에는 대답할 필요도 없다. 혹은 상대방에게 보완요청을 하면 된다. 위의 두 가지가 다시 특정되어 오기 전까지는 걱정할 필요 없는 것이다.

이와 달리 제대로 된 경고장이 오는 경우도 있다. 특허번호가 명확하고, 보낸 이가 특허권자이거나 전용실시권자이고, 제품이 명확하게 특정된 경우다. 이런 경우는 경고장을 보낸 이유나 목적을 포함해 경고장의 내용이 사실인지에 대해서 깊이 있는 검토가 필요하다.

경고장의 목적 확인하기

일반적으로 특허침해 경고장을 보내는 목적은 다음 두 가지다.

(1) 침해금지요청 – 생산 및 판매중지 요청.
(2) 라이선스 계약 – 라이선스피를 통한 수익창출.

만약 경쟁업체라면 (1)을 통해 생산과 판매를 중지시켜 경쟁업체를 파산에 이르게 해서 시장지배력을 확장하려는 목적이 있다. 만약 경쟁업체가 아니라면 (2)를 통해 라이선스비용을 받으려 하는 데 목적이 있다. 이러한 목적은 경고장에 기재되어 있는 것이 일반적이지만, 기재되어 있다고 해서 반드시 사실이 아닐 수도 있다. 침해제품을 폐기하라고 적혀있지만 실제로는 로열티를 더 많이 받기 위해 압박하기 위한 수단일 수도 있기 때문이다.

침해여부 확인하기

경고장의 내용이 사실인지를 확인하는 단계이다. 다음의 사항을 확인하면서 상대방 특허의 약점을 찾아야 한다.

1. 상대방 특허에 무효사유는 없는가?

상대방 특허에 대한 선행논문이나 선행특허들을 검색해 볼 필요가 있다. 그래서 상대방 특허를 무효화시켜 버릴 만한 문헌을 찾는다면 무효심판을 청구하면 된다. 또는 이 자료를 가지고 공지기술 제외의 원칙, 권리남용의 항변을 주장하며 협상을 요청할 수도 있다.

2. 우리 제품이 실제 상대방 특허를 침해하고 있는가?

상대방 특허 청구항의 구성요소들과 우리 제품을 1:1로 비교하는 것이 필요하다. 만약 우리제품이 상대방 특허 청구항의 내용과 다르거나 그 구성요소를 일부라도 포함하지 않는다면 특허침해가 아닌 게 된다. 이를 구성요소 완비의 원칙이라고 한다.

이 작업은 특허청구항을 해석할 수 있는 전문가에 의해 수행되어야 한다. 외부 변리사에게 침해 여부를 확인하고, 침해가 아닐 경우 감정서까지도 받아 놓는 것이 좋다. 전문가의 감정서가 있는 경우 침해에 고의성이 없다는 자료로 쓰일 수 있기 때문이다.

3. 상대방이 특허 등록과정의 중간사건에서 권리범위를 좁혀버린 내용이 있는가?

상대방이 특허 등록과정의 중간사건에서 인용문헌 등에 대응하기 위해 권리범위를 좁혀버린 사정이 있다면, 그 포기된 권리범위에 대해서는 특허권을 행사할 수 없다는 것이 판례의 입장이다.

4. 자사의 제품이 특허제품 출원 전의 기존 공지기술과 극히 유사한 제품인가?

만약 자사의 제품이 특허제품 출원 전의 기존 공지기술과 극히 유사한 제품이라면 누구나가 쓸 수 있는 자유기술이기 때문에 특허권의 권리범위에 속하지 않는다고 항변할 수 있다.

그래서 경고장을 받더라도 실질적으로 생산라인을 멈춰야 하는 경우는 많지 않다. 위의 4가지에 해당하는 사정을 발견한 경우, 경고장에 대한 답장으로 이를 알려주면 분쟁이 의외로 조기에 종결될 수도 있다. 또한 상대방 특허의 진보성을 부정할 만한 선행문헌을 발견한 경우 무효심판을 청구해 놓고 합의로 사건을 종결시킬 수도 있다. 그리고 상대방이 생산금지가 아닌 라이선스 계약을 요청할 수도 있다. 즉, 비용은 지출되더라도 자사의 제품을 계속 판매할 수 있는 것이다.

반대로 위험한 경우도 있다. 경쟁업체의 제품을 그대로 베꼈는데 경쟁업체가 그 제품에 적용 특허를 3개 이상 가지고 있는 경우다. 이럴 때 경쟁업체는 라이센싱을 하기보다는 우리제품의 생산라인을 폐기해서 최대한의 손해를 주기 원할 것이다. 또 경쟁사의 제품 적용특허가 3개 이상이라면 통상적인 무효가능성을 50%로 계산하더라도 3개 모두 무효가 될 확률은 12.5%다. 즉 매우 낮다. 모든 가능성을 검토해봤는데 빠져나갈 곳이 없다면, 특허권자의 특허권 매입이나 라이센싱을 통한 합의 등을 고려해야 한다. 그리고 이런 상황에서 합의를 보지 못했다면 해당 제품라인의 중단을 심각하게 검토해야 한다. 코닥이 경쟁업체인 폴라로이드의 특허를 침해하면서 소송을 끝까지 진행하여 얻은 결과는 앞에서 설명했듯이 참담한 패배로 이어졌으니까.

참고할 만한 사례로, 피소를 당한 경우에 침해소송을 제기한 특허권자가 침해하고 있는 다른 회사의 특허를 매입하여 분쟁을 해결한 경우도 있다. 페이스북은 2012년 3월에 야후로부터 10건의 특허를 침해했다며 미국 법원에 제소를 당했다. 그러자 페이스북은 IBM으로부터 750건, MS로부터 650건의 특허를 인수한 후, 야후가 페이스북의 특허권을 침해했다며 맞고 소를 했다. 소송이 제기된 지 불과 몇 달 만에 페이스북과 야후는 합의하고 크로스라이센스 협약을 맺게 되었다. 합의금을 지불하는 대신 타회사의 특허를 인수해서 사건을 해결한 것이다.

이렇듯 경고장에 대한 검토와 대응에는 많은 방법이 존재한다. 침해 경고장을 받으면 당황하지 말고 전문가의 지원을 받아서 침착하게 대응하는 것이 최선이다. 침해경고장을 받고 당황해서 침해를 인정하는 답변서를 제출해 문제를 더 심각하게 만드는 것이야말로 금물이다. 추후 소송에서 불리한 자료로 사용될 수 있기 때문이다.

특허괴물과 NPE

≫

특허괴물이라는 용어는 TechSearch가 인텔을 제소한 특허침해소송에서, 인텔에서 일하던 피터 테트킨이 '스스로 실시하지 않고, 실시한 적도 없으며, 실시할 계획도 없는 특허권을 행사하여 막대한 돈을 버는' 존재를 특허괴물로 지칭하면서 탄생했다.

과거 특허괴물은 혁신이나 개발 노력도 없이 매입한 특허를 이용해 제조기업에 대한 소송으로 거액의 로열티나 배상금을 받아내는 암적인 존재를 의미했다. 이는 사회적으로 큰 문제를 불러일으켰다. 제조업자들에게 지속적인 방해로 작용해 경제에 좋지 않은 영향을 미쳤기 때문이다. 미국에서도 오바마 전 대통령이 특허괴물의 토벌의지를 밝히면서 특허괴물 횡포방지 목적으로 한 미국 특허개혁법(The Innovation Act)이 2013년에 발의되기도 했다. 이러한 배경은 아래의 그래프에서 볼 수 있는 바와 같이 미국 특허소송에서 특허괴물이 제기한 특허소송이 전체특허소송의 절반을 넘어섰기 때문이다.

NPE가 제기한 특허소송 비율[21]

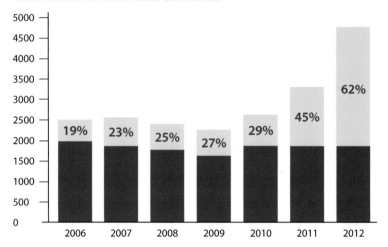

THE RISE OF PATENT TROLLS

TOTAL NUMBER OF PATENT CASES COMMENCED

다만, 이 특허괴물에는 제조 없이 연구개발만을 하는 연구소 등도 포함되어 있다. 최근에는 용어를 순화하여 Non practicing entity(NPE)라고 부르고 있다. NPE는 실시하지 않는 주체라는 의미다. 제품을 제조하거나 판매하지 않고 지식재산권을 집중적으로 보유함으로써 로열티 수입으로 이익을 창출하는 특허관리 전문회사를 지칭한다.

---

21   The Rise of Patent Trolls: Total Number of Patent Cases Commenced, 2006-2012

특허소송의 강자 NPE

NPE는 제조사들에 대하여 소송에서 항상 유리한 위치를 차지한다. 다른 제조사가 자신들을 제소하면 상대 제조사도 자신들의 특허를 사용하고 있다고 카운터클레임을 걸 수 있다. 그렇지만 NPE는 자신들이 전혀 제조를 하지 않으므로 제조사들이 NPE를 공격할 수 없기 때문이다. 마치 보이지 않는 유령이 공격해오는 것과 같으므로, NPE는 제조사에게 두려움의 대명사다.

연구소와 같은 곳도 NPE가 되기도 한다. 미국의 통신칩을 제조하는 회사인 퀄컴은 주로 생산보다는 연구활동을 통해 특허를 창출하고, 이를 통해 수익을 막대하게 가져가고 있다.

OLED로 유명한 일본의 SEL은 반도체 연구소인데 연구를 계속해서 특허를 계속 취득하고, 이를 이용해 제조회사로부터 라이센싱비를 받는 모델로서 수익을 가져가고 있다. 이처럼 연구개발을 통해 특허를 취득하고, 이를 이용해 수익을 얻는 연구소들을 특허괴물로 부르기는 조심스럽다. 그래서 최근에는 특허괴물로 부르기 보다는 NPE라는 조금 더 순화된 표현으로 부르고 있다.

NPE가 주로 활동하는 무대는 미국이다. 손해배상액의 평균 인정액이 크기 때문이다. 현재 미국에서 활동하고 있는 대표적인 NPE는 세계 최대 규모인 Intellectual Ventures, LL, 하이닉스와 전쟁을 치른 Rambus Inc, 통신기술 특허를 가장 많이 보유한 InterDigital Inc. 등이다. 이들은 심지어 나스닥에도 등록되어 있다.

한편 한국은 특허 침해로 인한 평균 배상금액이 작아서 NPE가 활동하기 어려운 곳이다. 삼성과 애플의 특허소송 1심과 2심에서 미국은 삼성이 애플 디자인 특허 3건을 침해했다는 이유로 3억9900만 달러(약4,660억)의 배상액 판결을 받았다. 반면 한국에서는 애플이 삼성의 특허 2건을 침해했고, 삼성이 애플의 특허 1건을 침해했다는 이유로 애플은 삼성에 4,000만 원을 배상하고, 삼성은 애플에 2천500만 원을 배상하라는 판결이 나왔다(2012.08.24 서울중앙지법 민사 11부).

평균적으로 미국에서 특허 침해 배상액은 102억인데 반해, 한국에서는 7천800만 원이다.[22] 한국은 특허침해의 배상액이 IP5에 함께 속한 미국, 일본, 유럽뿐만 아니라 중국에 비교해도 가장 적은 편이다. 특허에 대한 평균 침해인정액이 작기 때문에 NPE가 활동하기 어렵다는 장점으로 받아들일 수도 있을 것 같다. 하지만 한국에서 특허권자에 대한 보호가 충분히 이루어지지 않는 것으로 달리 해석할 수도 있다. 그래서 미국식 징벌적 손해배상제도의 도입 등이 최근 논의되고 있다.

NPE들은 다수의 기업을 상대로 경고를 하거나 소송을 제기하고 합의금을 받는 방식으로 이익을 내고 있다. 기업들로서는 소송을 끝까지 진행하는 것보다 합의금을 내는 것이 효율적이라고 생각할 수도 있다. 그러나 쉽게 합의금을 주는 경우 만만한 기업이라는 평을 얻게 될 수 있다. 이 경우 다른 NPE들에 의한 연속적인 소송에 휘말릴 수도 있다. 삼성도 미국에서 초기에

---

22   http://news.mk.co.kr/newsRead.php?year=2015&no=588653

는 합의로 해결하려고 했으나, 연이은 소송이 이어지자 작정하고 특허포트폴리오를 구축하기 시작했다. 지금 미국에서 삼성의 특허출원수는 IBM에 이어 2위다.

NPE 대응 전략

NPE로부터 공격을 당하는 경우 특허무효심판 등을 통해 해당특허를 무효화시키는 것이 가장 좋다. 다만, 여러 개의 특허에 의해 공격을 당하는 경우 모든 특허를 무효화시키기 어렵기 때문에 상황에 맞는 전략이 필요하다.

NPE에게 대응하기 위해 기업들은 연합체를 형성하기도 한다. 연합체에 속해 있는 기업들은 서로의 특허권에 대해 로열티를 내지 않고 무료로 사용할 수 있기도 하다. 예를 들면, 2005년에 20여개의 회사들이 모여 결성한 RFID Consortium가 그것이다.

또한 2014년 1월에, 특허괴물의 소송에 대항하기 위해 검색 업체인 구글, 카메라 제조회사 캐논, 소프트웨어 기업 SAP, 파일공유 서비스기업 드롭박스, 컴퓨터 전문 쇼핑몰 뉴에그, 플래시 메모리 기업 퓨어 스토리지는 '라이선스 온 트랜스퍼 네트워크(License on Transfer(LoT) **Network**)'를 결성했다.[23]

또한 방어형 NPE인 **Unified Patents**와 **RPX**(Rational Patent)에는 구글, 인

---

23   http://blog.naver.com/kipracafe/220063939071, 조선비즈 '구글 · 캐논 · SAP는 특허괴물에 맞서 동맹 결성함.'

텔, 삼성전자, LG전자 등이 가입해 있다. 이들은 회원사로부터 연회비를 받아 운영되며 필요한 특허를 선택적으로 매입하여 회원사에 대한 특허 침해 소송을 방어하는 역할을 한다.

이러한 모임을 특허풀이라고 부르기도 한다. 소속된 기업들은 자사가 보유한 관련 분야의 특허를 이에 위탁하고, 특허 포트폴리오를 구성해서 공동으로 침해에 대응하거나 침해주장을 한다.

최근 대기업들이 NPE와 전면전을 선포하며 항소와 무효심판 등을 통해 소송 장기화 전략을 취하여 NPE가 비용부담을 가지게 하고 있다. 이러한 변화로 인해 NPE는 특허풀에 가입되어 있지도 않고, 특허소송에 경험도 없는 작은 기업들을 점점 더 노릴 것으로 예상된다.

해외 진출을 위한 특허

수출은 무슨 일이 벌어질지 모르는 긴 여정과 같고, 이 긴 여정은 많은 투자를 필요로 한다. 그래서 수출하기 전이라면 특허의 확보는 필수다. 특허의 가장 중요한 속성 중 하나는 보험적 성격인데, 보험은 평소에는 부담이지만 사고가 터지면 구세주다.

중국 진출 기업의 사례

중국에 스마트폰용 장갑을 수출하고 있던 A중소기업이 있었다. 이 장갑은 스마트폰에 터치가 가능한 기능이 있어 한국에도 2010년에 많은 인기를 끌었었던 제품이다. A중소기업은 이 장갑을 타오바오를 통해 중국에서 판매를 하기 시작했다. 하지만 중국에서 특허나 실용신안을 취득하지 않고 있었다. 얼마 지나지 않아 A중소기업에게 중국업체들로부터 특허침해 경고장이 날아들었다. 이 장갑의 '실용신안특허 권리자'라고 주장하는 서너 개 중국 업체와 개인이 보낸 것이었다. 그리고 이 중국업체들은 타오바오에도 해당 제품을 실용신안특허 침해를 이유로 판매를 중지할 것을 요구했다.

타오바오는 A중소기업에게 중국 특허나 실용신안을 보유하고 있는지 소명을 하라는 요청을 해왔다. 하지만 중국에 아무런 권리가 없던 A중소기업은 제대로 된 답변을 할 수 없었다. 결국 타오바오는 해당 제품에 대해 판매를 중지하고 계약해지를 통보했다. 이후 A중소기업은 법무팀을 동원해 중국에서의 특허권 공방에 나섰지만 결국 중국사업을 접고 말았다. 맞서야 할 중국 쪽 상대방이 너무 많았고, 무효심판이나 소송을 진행하기에는 금전적 비용이 부담스러웠기 때문이다. 관련 실용신안 특허를 중국에 미리 출원해두지 않은 게 패착이었다.[24]

중국은 실용신안에 대하여 심사를 하지 않고 등록해주는 제도(무심사주의)를 취하고 있다. 실용신안권 획득까지는 그 기간이 6개월 정도면 충분하다. 그래서 설사 진정한 발명자가 아닌 경우라고 하더라도 일단 서류만 구비된다면 실용신안등록증을 발급받을 수 있다. 심사절차가 없으므로 초기 서류 준비에만 비용이 들어가게 된다. 그래서 중국 실용신안권의 획득은 중국 특허권 획득비용의 수분의 1에 해당될 정도다. 그런데 이와 같은 실용신안권은 앞서 사례에서 보았듯이 실제 분쟁에서 매우 현실적인 힘을 발휘하기도 한다.

---

24   http://www.hani.co.kr/arti/economy/economy_general/685084.html#csidx2dfd1db6699eb
8f917e16798bd11a5b

만약 지금 중국으로 수출을 예정하는 기업이 있다면 사고를 예방하기 위한 실용신안권 등록비용을 보험이라고 생각하고 지출하라고 권하고 싶다. 사고가 터지면 그 비용이 수십 배에 이르기 때문이다. 문제가 생긴 후 특허나 실용신안을 취득할 수 없음은 당연하다.

독일 진출 기업의 사례

독일의 경우도 별반 다르지 않다. 2010년 3월 독일 하노버에서 열린 세계 규모의 정보통신전시회인 CeBIT(Center for Bureau, Information, Telecommunication)에서도 국내의 한 기업이 특허 분쟁에 휘말려 전시품을 압수당했다. 이에 앞서 2008년 9월에는 독일 베를린에서 열린 세계 최대 규모의 가전박람회인 IFA(Internationale Funk Ausstellung)에서도 국내 기업들에 대해 이탈리아의 한 업체가 특허침해 소송을 걸어 전시품 대부분이 독일 세관에 압수되는 일이 발생했다.

이와 같이 우리 기업들이 독일 수출박람회에서 전시품을 압수당하는 경우가 종종 있다. 박람회에 전시된 제품이 독일 특허를 침해했다는 이유로 침해가처분이 접수되면 빠르면 하루 만에 가처분이 결정되어 제품이 압수된다. 박람회에 제품을 전시할 수 없는 것은 물론이다. 이는 전시회 개최가 활발한 독일 특유의 법 집행에 의한 것으로 상대방의 의견 청취 없이 결정되어 긴급히 집행되는 등 특허권자 위주로 진행되기 때문이다.

이러한 경우 해당 기업은 어떠한 법적대응을 하지 못한 채 압수수색 및 가처분 신청 등을 당하게 된다. 나아가 기업 이미지에도 큰 타격을 준다. 가처분이 결정되는 경우 전시자가 수출을 예정하면서도 현지 특허에 대비한 준비를 전혀 하지 못했기 때문일 것이다. 이처럼 해외로 수출을 하는 경우 해당 국가에 권리를 취득해 놓는 것이 선행되어야 한다.

SPEAK
PATENT

Part 05

특허관리
컨설팅

당신이 생각한 아이디어에 대해 이미 특허가 나와 있는지 궁금하지 않은 가? 경쟁사가 어떠한 특허를 가지고 있는지 궁금하지 않은가? 경쟁사의 특 허권이 언제 소멸하는지 궁금하지 않은가?

특허정보를 통해 이에 대한 대답을 얻을 수 있다. 특허정보란 특허제도로 인해 창출되는 모든 관련 정보다. 특허정보는 각 국가의 특허청에 특허출원 서를 제출하는 출원행위에서부터 발생되는 모든 문서상·행정상의 정보를 모두 포괄한다. 예컨대 그 특허를 누가, 언제 출원했는지, 언제 공개되었는 지, 언제 등록되었는지, 출원번호·공개번호·등록번호는 무엇인지, 우선권 주장을 언제 했는지, 발명의 명칭·발명자는 누구인지, 청구범위, 명세서의 내용, 도면, IPC분류[25], CPC분류[26], 심사경과과정, 대리인은 누구인지, 권리가 언제까지 존속하는지 등 모든 정보가 여기에 해당된다.

이 특허정보는 크게 5가지 특징을 가진다.

(1) 정보의 수집 및 입수가 용이하다. 정보가 각국 특허청에 데이터베이스화되어 있으며, 인터넷으로 접근이 가능하다.
(2) 세계적으로 통일된 분류(국제특허분류)를 사용하고 있다.
(3) 기재양식과 내용이 통일되어 있다.
(4) 광범위한 기술 분야 전체(전 산업 분야)를 대상으로 한다.
(5) 기술의 내용이 구체적이다(실시 가능할 정도로 기재 – 특허명세서 작성원칙).

특허정보는 많은 장점을 가진다. 우선 발명자는 연구개발 단계를 거쳐 제품 출시 전에 특허출원을 하고, 출원된 발명은 1년 6월이 지나면 공개가 되므로 제3자는 새로운 기술을 공개된 특허문헌을 통해 알아낼 가능성이 높다. 특별히 논문 등으로 발표되지 않았다면 말이다. 다만 기업에서 논문을 발표하는 경우는 흔치 않다. 그래서 특허를 통해서만 알 수 있는 기술이 60% 이상이라는 통계가 있다.

특허정보의 단점은 출원일로부터 18개월 후에야 공개된다는 사실이다.

---

25 국제특허분류 – 해당특허가 어느 카테고리에 해당하는지 나타낸다
26 미국과 유럽에서 사용하는 특허분류. IPC분류보다 더 세분화된 구조를 가진다

그래서 오늘 특허정보를 조사하더라도 12개월 전에 출원된 특허출원의 내용에 대해서는 전혀 알 수 없다. 아직 공개가 되지 않았으므로 조기공개나 조기등록의 특이한 사정이 없다면 6개월 후 알게 될 것이다. 그래서 특허정보조사의 결과에는 전년도에 출원된 특허정보가 담겨 있지 않다는 점을 염두에 두어야 한다.

제품 개발 전, 특허정보를 조사하세요 02

중소기업 A대표는 많은 연구개발비를 투자하여 반도체 칩셋 개발을 성공적으로 완료했다. 제품이 시장에 출시되자 반응이 좋아서 매출액이 계속 증가했다. 드디어 그간의 보상을 받는다고 행복한 나날을 보내고 있을 때, 다국적 글로벌기업으로부터 경고장을 받았다. 자사의 특허권을 침해하고 있으니 생산을 중단하고 손해배상을 하라는 내용이 적혀 있었다. 침해경고장에 이어 침해소송이 진행되던 도중 A대표는 결국 회사 문을 닫고 잠적했다.

위의 사례에서 배워야 할 점은 무엇인가? 일반적으로 R&D(연구개발)는 천문학적인 비용이 들어가지만, 기업에서는 R&D 착수 전에 그 기술이 이미 개발돼 있는지에 대한 조사를 소홀히 하는 경우가 많다.

특허정보조사 없이 R&D를 진행한다는 것은 횃불 없이 동굴에 들어가는 것과 같다. 누군가는 '연구개발을 수행할 때 특허정보를 조사하지 않는 것은 새 집을 구입한 후 등기부등본을 확인하지 않는 것과 같다'고 했다.[27] 오랜 연구개발 끝에 개발된 기술이 다른 회사에서 이미 개발된 기술이면 중복투자가 되고, 이미 다른 회사가 특허로 보호하고 있는 기술이라면 특허침해가 된다. 이미 투자된 연구개발비가 아까워 사업을 강행하면 침해소송에 휘말릴 수도 있다. 결국 특허정보조사없이 연구개발을 시작한다면 연구개발에 투자된 시간과 비용을 날릴 가능성이 높아진다. 영국 DERWENT사의 조사결과에 따르면 유럽기업의 71%가 R&D 투자 후 해당기술이 특허로 보호되고 있는 사실을 뒤늦게 발견한 것으로 나타났다. 그런데 우리 기업들은 어떨까? 별반 다르지 않을 것이다.

이미 국가에서 투자되는 국가연구개발과제의 선정과 평가에서는 특허정보조사를 의무화하고 있다. 연구개발비를 이미 개발된 기술을 중복 개발하는 것을 낭비하지 않겠다는 의지이다. 나아가 이미 개발된 기술들의 지도를 보고 효율적인 방향으로 연구비를 쓰겠다는 것이다.

특허정보조사는 비용이 뒤따르고, 중소기업은 이 정보조사비용을 부담스러워하는 것이 사실이다. 그렇지만 특허정보조사비용의 지출은 남이 이미 개발해 놓았거나 특허로 등록한 기술에 개발비용을 쏟아부은 후 후회하는 것에 비하면 아무것도 아니다. 연구개발비에 비하면 정보조사비용은 아주 작고, 심지어 정부에서는 R&D 전 특허정보조사비용을 지원해주고 있다. 연구개발 전 특허정보조사에 대한 투자를 꼭 권하고 싶다.

---

27   IPR Bulletin 2002.10.

불필요한 비용을 줄여주는 선행기술조사와 특허맵 03

특허정보조사는 크게 선행기술조사와 특허맵으로 구분될 수 있다. 선행기술조사가 작은 비용과 시간을 요하는 작업이라면, 특허맵은 오랜 기간과 많은 비용을 필요로 한다.

선행기술조사

선행기술조사란 특정 기술에 대해 선행 특허문헌이 존재하는지를 조사하는 것이다. 예를 들어 휘어지는 OLED 디스플레이 기술에 대한 선행특허조사를 들 수 있다. '휘어지는 OLED 디스플레이 기술'이 완성되기 전 연구개발 단계에서 선행기술 조사를 하거나 이 기술을 다 개발해놓고 특허출원 단계 전에 선행기술 조사를 할 수도 있다.

연구개발 단계에서 선행기술조사를 하면 어떤 이익을 얻을까. 한마디로 불필요한 연구개발비를 줄일 수 있다. 만약 개발하려고 하는 기술에 대해 선행특허가 있다면 이에 대해 조사해 연구개발의 방향을 설정하고, 나중에 분쟁의 리스크를 줄일 수 있다. 휘어지는 OLED 디스플레이 기술에 대해 A사가 X소재를 이용해 특허를 등록받아 놓았다면 B사는 '다른 소재'를 이용한 휘어지는 OLED 디스플레이를 개발하거나 '다른 방식'으로 휘어지는 OLED 디스플레이를 개발할 수 있다. 이를 '회피설계'라 한다.

특허출원 단계에서 선행기술조사를 하면 불필요한 특허출원을 줄일 수 있다. 또한 선행특허문헌의 개시내용에 기초해 출원전략을 세워 등록가능성을 높일 수도 있다. 예를 들어 전기자동차의 무선충전방법에 대해 특허출원을 하려고 하는데, 이미 기존에 무선충전방법에 대해 여러 특허가 존재한다면 그 특허들에 개시되지 않은 실시형태에 대해 집중적으로 기술해야 한다.

국내출원에서는 출원부터 등록까지의 비용이 그리 크지 않아서 선행기술조사를 하지 않고 출원을 진행하는 경우가 종종 있다. 그렇지만 해외출원을 한다면 번역료를 포함해 국가당 대략 1,000만 원 이상의 비용이 들어가므로 해외출원을 앞둔 입장에서는 선행기술조사를 강력히 권한다.

특허맵

특허맵은 특정기술 분야에 대한 광범위한 선행기술조사를 통해서 특허현황을 파악하는 방법이다. 특허맵은 특허정보의 서지적 사항(출원인, 특허번호 등)을 분류하여 정리하고, 기술내용(특허청구범위, 발명의 상세한 설명, 도면 등)을 분석 및 가공하여 그 데이터를 가지고 여러 정보를 도표화하게 된다. 특허맵을 수행하면 특정 기술 분야에 몇 개의 특허가 존재하고, 이들은 어떠한 소분류들로 나누어질 수 있으며 각각의 소분류에 몇 개의 특허가 존재하는지도 파악할 수 있다. 그리고 이 특허들 중 핵심특허는 어떤 것이며, 어떤 부분에 특허가 존재하지 않는지도 파악할 수도 있다. 또한, 특정 기술 분야에서 이미 개발된 기술들이 어떤 것인지, 그리고 타사는 주로 어떤 분야에 특허 출원을 하고 있는지를 파악할 수도 있다.

이를 기초로 기업은 연구개발 주제와 방향을 정하고 이를 계획할 수 있다. 또한 이를 기초로 경쟁사의 특허 포트폴리오를 파악하고 자사의 기술개발과 특허 전략을 수립할 수 있다. 결국 특허맵을 통해 특허분쟁의 리스크를 관리하고, 문제 특허들에 대한 대응전략인 회피설계(Design around), 무효전략(Invalidation), 라이센싱(License) 등을 수립할 수 있다.

특허정보조사방법

연구자나 발명가라면 선행특허들을 검색해야 할 일이 많을 것 같아 소개하려 한다. 한국 특허청은 '키프리스'(http://www.kipris.or.kr)를 통해 편리한 특허검색 방법을 제공한다. 키프리스 내에서는 출원인 정보, 발명자 정보, 출원번호, 공개번호 등을 이용한 검색을 모두 제공하므로, 출원번호나 공개번호 등을 알면 쉽게 해당특허문헌을 검색할 수 있다. 나아가 경쟁사의 특허를 검색하고 싶다면 '출원인'란에 경쟁사의 이름을 넣는 것에 의해 쉽게 검색이 가능하다. 전문적으로 검색을 하는 이들은 유료 검색엔진을 주로 쓰는 편이지만, 간단한 검색은 키프리스로 충분하다. 더욱이 키프리스는 점점 더 좋아지고 있다.

선행문헌을 찾기 위한 검색방법은 크게 키워드를 통한 검색과 분류코드를 통한 검색이 있다. 키워드를 통한 검색은 '스마트폰'과 같은 키워드를 통해 선행특허문헌을 검색한다. 다만, 키워드 검색에서 주의할 점은 특허명세서에서 쓰인 용어가 '스마트폰'이 아닌 '모바일 단말'일 수도 있다는 점이다. 그래서 가능한한 많은 유사어를 이용해서 키워드 검색을 해야 한다.

분류코드를 통한 검색은 IPC코드나 CPC코드를 통해 할 수 있다. IPC는 International Patent Classification의 약자로서 국제특허분류를 의미한다. IPC 회원국 1968년에 제정되어 62개국에서 공동으로 사용하며, 약 7만개의 코드 수를 가진다.

CPC는 미국과 유럽이 2013년에 공동으로 개발한 특허분류코드로서, 약 26만개의 분류코드 수를 가진다. IPC보다 세분화되어, 검색에 정확성과 효율성이 높아져 점점 많은 국가에서 도입하고 있다. 선행문헌이 존재하는 부분의 IPC코드나 CPC 코드를 먼저 확인하고, 이 코드를 이용해서 검색하면 그 코드에 속한 특허문헌들을 찾을 수 있다.

특허청 사이트(www.kipo.go.kr)에서 국제특허분류 조회 프로그램을 개발하여 무료로 제공하고 있으니 이용을 권한다. 키워드와 분류코드 두 가지를 조합해서 검색한다면 더 효율적인 검색이 될 것이다.

해외 특허의 검색방법에는 더 많은 방법이 존재한다. 일단 위의 키프리스에서도 해외특허의 검색이 가능해졌으므로 적극 이용하자. 현재 미국, 유럽, 국제특허출원(PCT), 일본, 중국의 특허가 검색가능한 상태이다. 해외 특허문헌의 검색도 기본개념은 국내특허검색과 비슷하다. 키워드와 분류코드를 사용하는 것이다.
각 국가의 특허청을 이용해서도 해당국의 특허문헌을 검색할 수 있다.

미국특허청
www.patft.uspto.gov
유럽특허청
www.patft.uspto.gov
일본특허청
www.j-platpat.inpit.go.jp
중국특허청
www.pss-system.gov.cn/sipopublicsearch/enportal/index.shtml

한편, 구글도 특허정보를 제공하는데, 현재 미국, 유럽, 중국, 독일, 캐나다, WIPO의 특허자료에 대한 검색이 가능하다. 검색이 빠르고 간편한 편이다.

구글특허 www.patents.google.com

특정 기술에 대한 연구개발을 하기 전, 선행기술조사를 했는데 기업에서 사업하려는 부분에 대해 치명적인 제3자의 특허를 발견했다고 하자. 이런 경우 어떻게 해야 할까? 피할 수 있으면 피하고(회피설계), 피할 수 없으면 싸우고(무효조사), 싸워서 이길 수도 없으면 매입(라이센싱)해야 한다.

회피설계

이미 다른 회사에서 개발되어 등록된 특허를 정보조사를 통해 파악했다면 이를 피해갈 방법을 고려해야 한다. 이를 '회피설계'라 한다. 아래는 회피설계의 좋은 예이다.

일본 코나미는 댄스 시뮬레이션 게임기인 '댄스 댄스 레볼루션(DDR)'을 개발하여 세계적인 선풍을 일으켰다. 그러나 한국의 안다미로는 코나미의 DDR특허의 약점을 간파하고 '펌프' 라는 이름으로 제품을 출시했다. 코나미는 발로 누르는 버튼의 배치가 '+' 형상인 것만을 특허 청구범위에 기재해 놓고 있었다. 안다미로는 버튼을 'X'자 형상으로 배치해 DDR 특허의 침해를 회피했을 뿐만 아니라 사업적으로도 크게 성공했다.[28]

애플의 밀어서 잠금해제(721)는 특정한 터치 제스처를 통해 잠금을 해제하는 기술이다. '잠금해제' 이미지를 미리 정의된 경로를 따라 이동시켜 잠금을 해제하는 것이다. 삼성전자는 특허소송 이후 '갤럭시 S' 시리즈의 잠금해제 기능을 이미지를 이동시키는 게 아니라 정지된 이미지 위에 특정 패턴을 터치하는 방식으로 바꿨다.[29]

회피설계에 성공했다면 그 기술에 대한 특허를 출원할 필요가 있다. 가끔 원래의 기술을 회피하기 위해 고민하다가 원래 기술보다 더 나은 기술이 탄생하기도 한다. 이런 경우 꼭 출원하여 특허등록을 받자.

무효조사

만약 문제특허를 피해갈 수 없다면 무효로 할 방법을 찾아야 한다. 무효자료를 미리 준비해두면 추후 벌어질 분쟁을 대비할 수 있다. 아래 사례를 보자.

---

28 http://blog.naver.com/ioyou64/130015402747 이정석 변리사

29 http://www.etnews.com/20140410000116

A기업은 B기업으로부터 1개의 특허에 기초한 침해경고를 받았다. A 기업은 그 특허 때문에 시장을 포기해야 하는 상황에 몰렸다. 그런데 그 특허 1개만 무효시킨다면 A대표는 위기를 벗어날 수 있다.

C기업은 온라인 서점시장에 진입하고 싶었다. 그런데 D사의 BM특허가 발목을 잡았다. D사의 BM특허를 회피하고 싶은데 그 특허의 권리범위가 워낙 넓어서 회피하기는 불가능하다.

이럴 때 문제특허를 무효시킬 수 있는 선행문헌을 찾기 위한 조사가 무효조사이다. 특정 특허에 대하여 선행기술조사를 실시해 그 특허를 무효화시킬 수 있는 문헌들을 조사하는 것이다. 무효조사를 통해 확실한 문헌을 찾으면 무효심판을 제기해도 좋지만, 이는 비용이 든다. 상대방이 행동을 취할 때까지 기다리다가 사용하는 방법도 있다. 아래 사례를 보자.

경기도에 위치한 A사는 화장품 패치를 생산하는 회사였다. A사는 자신이 새로 판매하는 화장품 패치가 B사의 특허와 문제가 있다는 것을 알았다. 변리사를 통해 B사의 특허에 대한 선행기술을 파악했다. 선행기술에 근거해 무효가 확실하다는 것을 파악했다. 추후 B사가 A사로 경고장을 보내오자 B사는 A사에게 이미 조사된 선행기술을 통지하며 그 특허는 무효이며 영업을 방해하지 말라는 취지의 답장을 보냈다. B사는 그 이후로 다시는 연락하지 않았다.

라이센싱

만약 문제특허에 관한 무효자료를 찾을 수 없다면 매입을 하거나 라이센싱을 준비해야 한다. 어차피 투자했어야 할 개발비용을 기술거래나 라이센싱에 관한 비용으로 사용한다고 생각하자. 라이센싱을 통해서라도 제품생산에 필요한 기술을 획득한다는 원래의 목적은 달성될 수 있을 것이다.

포기

만약 선행기술조사를 했는데 기업에서 사업하려는 분야에 대해 치명적인 제3자의 특허를 발견했는데, 회피설계도 어렵고, 무효자료도 찾을 수 없고, 라이센싱도 불가능하다면 어떻게 해야 할까? 이럴 때는 그 분야에 대한 개발포기를 고려해야 한다. 만약 선행기술조사가 없었다면 연구개발비를 지출하고, 제품생산설비를 갖춘 후 특허분쟁으로 사업을 중단했을 수도 있다. 선행기술조사를 통해 비용을 아낀 셈이라고 생각하자.

만료된 특허
활용하기 **05**

소멸특허 활용법

3D 프린터는 최신 기술인 것 같지만 꽤 오랜 역사를 가지고 있다. 3D 프린팅의 시초는 RP(Rapid Prototyping)이라고 불리는 프린팅 기술이었다. 이 기술은 1981년 일본 나고야시공업연구소의 히데오 코다마 박사에 의해 특허 출원되었으나 특허는 받지 못하였다. 그 후 3D프린터의 첫 번째 특허는 1986년에 SLA(StereoLithograph Apparatus, 광경화성 수지 적층조형) 기계를 만든 척 헐(Chuck Hull)에게 주어졌다. 그가 3D Systems사를 설립하고 2년 후인 1988년 SLA 방식의 3D프린터가 세계 최초로 상용화되었다.

이런 3D프린터는 2009년 무렵에서야 대중에게 알려지기 시작했다. 비교적 생산비용이 저렴하고, 제작 기간이 짧은 FDM(Fused Deposition Modeling, 용융 압출 조형)방식의 특허가 만료된 시점이다. 이때를 전후로 비로소 3D프린터라는 용어가 쓰이기 시작했다. 3D프린팅의 주요원천기술(SLA, FDM, SLS, DMLS, 3DP 등)의 특허들이 2004년~2009년 사이에 만료되면서부터 관련 업계가 모두 이 기술을 이용하기 시작한 것이다.

출원일로부터 20년이 지나면 특허권은 만료가 되어 소멸한다. 소멸된 특허기술은 누구든지 활용할 수 있다. 마치 무료기술이나 마찬가지다. 특허 명세서의 작성기준에 따르면 통상의 기술자가 재현할 수 있을 정도로 기재해야 하기 때문에 특허가 만료되는 경우 특허명세서는 기술정보의 보고가 된다. 소멸된 특허권은 특허권자에게는 아픔이지만 제3자에게는 기회가 된다. 2012년 5월에 비아그라의 특허권이 만료되어 복제약(제네릭)이 쏟아져 나왔다. '팔팔정', '헤라크라', '스그라', '세지그라' 등이 그 좋은 예이다. 한편, 코닝사의 '고릴라 유리'는 1961년 특허 출원된 후 20년 동안 사용할 대상을 찾지 못하였지만 애플사가 2007년 아이폰과 아이패드에 활용했다.

이렇든 존속기간이 만료된 특허는 누구든 이용할 수 있다. 특허제도의 존재이유이기도 하다. 존속기간이 만료된 특허를 찾았다면 적극적으로 이용하자.

미진입특허 활용법

글로벌 기업의 국제특허출원(PCT출원) 중 국내에 진입하지 않은 특허는 상당히 유용하다. 골프 분야에서 아주 유명한 브랜드를 가진 글로벌 기업 A사가 있다. A사의 골프공에는 딤플, 소재, 구조 등 많은 특허기술들이 적용돼 있다. 그런데 A사는 자사의 골프공에 대해 중요 특허들을 과거 한국에 출원하지 않고, 미국과 일본 등에만 특허를 출원했다. 미국시장에서는 A사가 특허에 기초하여 모방제품들에 대해 침해소송을 제기하는 것도 마다하지 않는다. 그래서 미국에서 A사의 골프공과 동등한 성능을 가진 골프공을 제작하는 것은 타사에서 쉽지 않다.

그런데 한국 시장에서는 다른 이야기다. 모방제품이 미국에서는 A사 특허권의 침해가 성립해도 한국에서는 침해가 되지 않는다. A사가 한국에서 과거에 특허출원을 하지 않았기 때문이다. 그래서 A사의 기술은 한국시장에서는 이용할 수 있는 기술이 되었다.

글로벌 기업인 B사의 사례도 있다. B사는 지난 날 국내 기업들을 상대로 수십 개의 특허를 침해하고 있다며 침해경고장을 보냈다. 하지만 B사의 특허를 변리사를 통해 분석한 기업들은 B사가 다른 국가에서 많은 특허를 가지고 있으나 국내에는 단 1개의 특허만 가지고 있다는 사실을 파악했다. 결국 1개 특허에 대한 라이선스 비용만 지불하는 것으로 사건이 종료되었다.

위의 사례들은 반면교사로 이용될 수 있다. 우리 기업이 PCT출원을 한 후, 외국 어느 국가에 진입할 것인지 선택해야 하는 시기가 온다. 이때 진입하지 않은 국가들에 대해서는 추후 특허권을 주장할 수 없다는 의미다. 따라서 지금 당장 수출하는 국가에만 진입할 것이 아니라, 수년 후 어떤 국가에 수출할 가능성이 있는지 예측하여 특허 진입여부를 결정해야 한다.

국유특허 활용법

농업기술실용화재단은 농촌진흥청에서 개발한 기술목록을 책으로 출판했다. 〈농촌진흥청 개발 국유특허권 기술목록집〉이 그것이다. 여기에는 농촌진흥청에서 개발된 특허, 실용신안, 디자인에 대해 기술 분야별로 기술(디자인)의 명칭, 지식재산권번호, 요약 등의 정보가 담겨 있다. 소유한 기술목록을 책으로 발간한다니, 왜 이런 책을 펴냈을까? 정부가 많은 연구개발비를 들여 개발한 특허기술이 쓰여지지 못하고 소멸하는 것을 바라지 않기 때문이다. 정부는 자신이 소유한 특허를 가급적 많은 사람들이 이를 이전해가거나 라이센싱을 하는 것을 바란다. 그래서 정부는 자신이 소유한 특허 중 농업분야 특허에 대해, 기술사업화 지원전문기관인 농업기술실용화재단에 처분권을 주었고, 농업기술실용화재단은 그 활용을 촉진하기 위해 책을 발간한 것이다. 이를 이용해 농업인이나 기업은 농촌진흥청에서 개발한 특허권을 이전받아서 농·식품 분야의 신기술을 도입하여 사업을 할 수 있다.

술에 관련된 사례를 들어보자. 2016년 11월, 국세청은 주류면허지원센터가 개발한 기술의 실용화를 위해 국순당 등 8개 주류 제조업체와 7건의 국유특허에 대해 통상실시권 계약을 체결한 바 있었다. 즉, 주류면허지원센터가 개발한 기술들을 8개 회사가 사용할 수 있도록 허용한 것이다. 국세청은 양조기술의 독점 방지 및 상용화 확대, 신기술에 대한 국제경쟁력 확보, 지역 농산물의 활용에 대한 확대 등을 위해 보유하고 있는 국유특허를 대부분 무상으로 이전하고 있다고 한다.

위에서 주류면허지원센터와 농촌진흥청에서 개발한 특허는 국유특허권에 해당한다. 국유특허는 국가공무원이 직무과정에서 발명한 것에 대해 그 소유권을 국가가 승계하여 국가명의로 출원한, 쉽게 말해 국가가 소유한 특허를 말한다.

국유특허를 사용신청하는 경우 수의계약에 의한 유상처분이 원칙이다. 국유특허라도 사용하기 위해서는 계약에 의해 돈을 지불해야 한다는 뜻이다. 그렇지만 국유특허 무상실시제도에 따르면, 기술성이 우수한 국유특허 활용을 촉진하기 위해 등록 이후 3년 이상 사용되지 않는 국유특허는 누구나 3년간 무상으로 사용할 수 있다. 이 경우 국유특허 사용자는 3년 간 초기비용에 대한 부담 없이 국유특허를 이용하여 안정적으로 제품을 생산할 수 있다. 이처럼 국유특허를 이용하는 경우 기술개발에 대한 투자부담을 줄일 수 있고, 기관으로부터 기술지원을 받을 수도 있다.

현재 국유특허로 등록된 권리는 2020년 7월 기준 총 7,875건에 이른다. 국유특허를 발명기관별로 살펴보면 농촌진흥청 4,229건, 국립수산과학원 593건, 국립산림과학원 599건 등으로 나타난다. 특허청 사이트인 '특허로'에서 국유특허의 목록을 확인할 수 있다. 각 기술에 대한 유무상 여부도 함께 확인이 된다.

국유특허를 사용하기 위해서는 누구든지 특허청 홈페이지에서 직접 신청서를 작성하거나 특허청 산업재산진흥과 국유특허 담당자에게 우편으로 접수할 수 있다. 자세한 국유특허 목록과 신청방법은 인터넷 '기술장터(www.ipmarket.or.kr)' 내의 국유특허코너와 특허청 홈페이지 내(www.kipo.go.kr)의 '특허로(국유특허사용신청)'에서 확인할 수 있다. 특허청 산업재산진흥과로 문의할 수도 있으니 참고하자.

기업특허 효과적으로 관리하기 06

특허분쟁의 시대에서, 기업의 특허관리는 생존을 위해 더 이상 선택이 아닌 필수가 되었다. 그러나 아직도 국내기업의 특허관리 수준은 서로 간에 큰 편차가 존재하는 것 같다. 기업에서 특허관리가 어떻게 발전하는지에 대해서는 국내외로 여러 가지 견해가 존재하지만, 필자는 국내에서 기업특허 관리의 발전단계를 크게 3단계로 구분하고 싶다.

1단계는 소극적 특허관리 단계이다. 보통 1-2명의 특허담당자가(연구원으로서 겸직을 하는 경우도 많다) 방어적 목적의 특허를 출원하는 것을 지원한다. 기업 대표나 최고기술책임자가 직접 특허를 챙기는 경우도 많다.

2단계는 적극적 특허관리 단계이다. 전담 특허팀이 생겨, 특허관리규정의 도입, 직무발명제도의 도입, 연구개발 단계에서의 특허조사, 국내외 특허출원의 질적 향상, 특허 관리 시스템의 구축, 특허분쟁에서의 방어형 대응전략, 지식재산 교육 등을 수행한다.

3단계는 전문화 단계이다. 2단계에 더하여 특허분쟁에서의 공격형 전략, 지식재산의 기술이전, 사업화, 라이센싱 등을 통해 특허로 수익이 창출되는 단계이다. 전담 특허팀도 IP출원팀, IP분쟁팀, 라이센싱팀, IP전략팀 등으로 세분화된다.

이 책은 기업이 특허관리를 시작하는 1단계나 2단계에 있다고 가정하고, 특허관리자의 역할을 기술해보겠다.

지식재산권 관리규정 도입하기

기업에서 체계적으로 특허를 관리하기 위해서는 지식재산권관리규정이 필요하다. 지식재산권관리규정에는 직무발명에 관한 규정, 지식재산의 등록, 유지, 사후관리 등에 관한 규정, 권리보호, 분쟁대처, 지재권 거래나 라이센싱에 관한 규정 등이 포함된다.

그런데 작은 기업들에서 지식재산권 관리규정을 갖춘 곳은 찾아보기 어려웠다. 회사에 업무분장규정, 인사규정 등이 필요한 것처럼 지식재산권의 관리를 위한 규정도 필요하다. 이러한 지식재산권 관리규정을 처음부터 작성하기는 쉽지 않으므로, 규모가 비슷하고 특허관리가 잘 되고 있는 회사의 관리규정을 참고하여 만들면 좋을 것이다.

특허관리리스트 만들기

특허는 20년의 존속기간을 가지고 있으므로 이 기간 동안 특허를 전략적으로 관리하는 것이 중요하다. 기업에서 특허관리리스트 등을 통해 특허출원현황 및 등록현황을 일목요연하게 확인할 수 있어야 한다.

그런데 필자의 경험으로는 기업들에서 자신들이 어떤 특허가 있는지 모르는 경우가 많은 것 같다. 기업으로부터 자신들의 특허를 정리해서 보내달라는 요청을 자주 받았기 때문이다. 특허사무소에서는 관리시스템을 이용하여 사건을 관리하므로 정리해서 보내는 것은 그리 어렵지 않다. 그렇지만 기업은 적어도 자신들이 어떤 특허를 가지고 있는지 항상 파악을 해놓아야 필요한 순간에 활용할 수 있을 것이다. 기업에서 특허리스트는 특허관리의 최소한의 시작이다.

최근 특허관리프로그램을 제공하는 소프트웨어 업체들이 많아졌다. 이들 관리프로그램을 이용하면 기업에서 자신들이 출원한 특허, 중간사건단계에 있는 특허, 등록된 특허들의 리스트를 쉽게 확인할 수 있다. 심지어 발명신고서 단계부터 관리해주는 프로그램도 있으므로 출원 수가 많으면 적절한 프로그램을 도입하는 것을 권한다.

직무발명제도 도입하기

기업에서 특허의 수를 늘리기 위해 가장 효과가 있는 것은 직무발명제도의 도입이다. 회사로서는 직무발명에 대한 보상금 규정을 도입하여, 직원들에 대한 발명의욕을 고취시킬 수 있다. 다음 장에서 자세히 설명된다.

외부 전문가 활용하기

시작단계에 있는 특허관리자로서는 기업의 특허업무를 도와줄 적절한 국내대리인이 절대적으로 필요하다. IP에 대해 모든 게 낯선 상태에서 특허관리자가 특허관리를 직접 배워서 처리하는 것은 어렵다. 외부에 믿을 만한 특허사무소를 알아두고, 회사 전반적인 지식재산권에 대한 컨설팅을 주기적으로 받는 것도 좋은 방법이다.

기업을 전담하는 변리사는 해당기업의 특허창출 이외에도 특허관리, 특허비용절감, 연구개발, 분쟁사건 등에 대한 상당한 도움을 줄 수 있다. 제품을 개발했는데 특허를 출원해야 할지 또는 디자인을 출원해야 할지, 해외로 수출해야 하는데 해외에서 특허권이나 상표권 분쟁의 여지가 있는지, 어떻게 예방할지 등은 내부에서 고민하지 말고 외부로 물어보면 된다.

또한, 연구개발 전에 해당분야의 특허동향을 파악하거나, 연구개발 전에 선행기술조사를 하는 문제 등에서도 외부 대리인의 역할은 중요하다. 심지어 지식재산권에 대한 정부지원금을 어떻게 신청할 수 있는지, 정부사업에 지원하기 위한 특허신청을 어떻게 해야 하는지 등에 대해서도 도움을 받을 수 있다.

특허팀이 구성되지 않았거나 인력이 부족한 경우, 특허관리자는 특허사무소의 담당 변리사에게 회사에 정기적으로 방문을 요청하고, 회사의 지적재산권에 대한 관리를 일임하면서, 회사에서 지원받을 수 있는 제도들을 알아봐 줄 것을 요청하기를 권한다. 특허사무소로서는 회사의 지식재산권을 관리하는 과정에서 새로운 출원들이 계속해서 나오므로 컨설팅 비용을 많이 받지 않고도 여러 조언을 제공할 것이다.

특허관리자의 역할

기업 특허관리자는 특허에 관한 내부 절차를 확립하고, 선행기술조사의 수행, 국내외 특허출원 및 등록특허관리 관리, 분쟁대응, 교육 등 여러 업무를 하게 된다. 이 외에도 여러 역할이 있지만, 아래는 가장 필수적으로 수행되어야 할 역할이다.

1. 선행기술조사와 특허맵 작성

특허관리자는 특허정보를 이용해 기업에서의 연구개발 방향설정에 참여해야 한다. 즉, 특정 기술에 대해서 연구개발을 시작하기 전에, 선행기술조사와 특허맵 등을 통해 이미 개발된 기술과 특허에 대해 파악할 필요가 있다. 물론 특허관리자가 직접 선행기술조사와 특허맵을 수행해야 하는 것은 아니다. 이러한 작업은 전문가이더라도 많은 시간이 들어간다. 외부 대리인 또는 정부지원기관을 통해 특허맵 작성과 분석 등에 대한 지원을 받을 수 있다.

조사가 완료되면 이 특허정보를 이용해 연구분야의 기술추세, 시장정보, 경쟁자정보 등을 파악할 수 있다. 조사결과 이미 개발되어 다른 기업이 특허로 출원한 기술에 대해서는 연구개발의 방향을 재검토해야 한다. 이러한 연구개발의 방향설정을 통해, 연구개발비용이 효율적으로 쓰이게 된다.

2. 개발된 기술의 특허출원

특허관리자는 연구개발단계에서 발명자들이 구현한 기능에 대해 특허를 신청하도록 장려하여, 발명자의 아이디어들을 특허화할 수 있도록 도움을 주어야 한다.

우선 특허관리자는 연구개발단계에서 연구원들에게 연구일지나 발명노트를 작성하도록 장려할 필요가 있다. 이러한 연구일지 등은 미국특허와 관련하여 진정한 발명자를 입증하는 데 쓰이거나 직무발명 보상금 등과 관련하여 발명자를 입증하기 위해 국세청에 제출할 자료로도 쓰일 수 있다. 특허가 거래되는 경우 연구일지 등은 그 특허의 가치를 높여준다.

특허관리자는 발명자에게 발명신고서를 제공하고, 이를 통해 특허출원을 위한 발명을 접수받는다. 이때 발명신고서는 형식을 간단하게 하는 것이 중요하다. 발명신고서 양식이 너무 복잡하여 연구원이 특허출원을 기피하게 하는 일이 있으면 곤란하다. 특허명세서의 작성 양식에 맞출 필요는 없고, 종래의 발명과 완성한 발명의 차이, 완성한 발명의 구성이나 동작원리가 잘 기술되어 있으면 충분하다.

특허관리자 또는 직무발명을 심의하는 위원회는 발명신고서에 기초해 발명을 평가해 출원이 필요한지를 결정한다. 이때 발명을 평가하는 기준은 특허성 뿐만 아니라 전략적인 활용도, 기술의 경제성, 실시나 침해가능성 등도 함께 고려되어야 한다. 이 과정에서 필요하다면 선행기술조사를 통해서 종래 기술을 파악하여 출원여부나 중요도를 결정할 수 있다. 만약 중요한 발명으로 평가되었다면 국제출원이 필요한지도 검토해야 한다. 출원이 결정되면 특허사무소로 명세서 작성 요청을 한다.

특허사무소의 담당자는 발명자와 상담 후 특허명세서를 작성 후 이를 특허관리자에게 인도한다. 특허관리자는 출원 전 명세서가 잘 작성됐는지 확인하고, 이상이 없다면 특허사무소에게 출원을 지시한다. 만약 국제출원이 필요한 발명이면 국내출원 후 1년 내에 국제출원을 해야 하므로 관리가 필요하다. 특허사무소에 미리 언급한다면 특허사무소는 국제출원의 마감기한을 챙겨줄 것이다.

3. 특허등록 및 유지관리

특허출원 후 거절이유 통지 등이 발행되는 경우, 특허사무소는 특허담당자에게 거절이유 통지와 함께 해결방안을 제시할 것이다. 특허관리자는 이를 보고 대응방안을 결정할 수 있고, 필요에 따라 발명자와 상의하여 인용발명과의 구성의 차이나 효과의 차이를 특허사무소에 설명해 줌으로써 특허의 등록가능성을 높일 수 있다.

중간사건에서는 보정서를 제출하게 되므로 등록될 청구범위를 조절할 수 있다. 특허관리자는 보정서에 기재된 청구항이 기업의 제품을 잘 반영했는지, 또는 침해제품을 커버하는지 등을 검토할 필요가 있다. 중간사건에서 특허기술이 어떤 목적으로 활용되어야 하는지 담당 변리사에게 다시 언급하면 좋다. 처음 명세서를 쓴 변리사와 중간사건을 처리하는 변리사가 다를 수 있기 때문이다. 변리사에게 특별한 언급을 하지 않는 경우, 원하는 청구범위와 다르거나 이보다 좁은 청구항으로 진행될 수 있다. 특허관리자는 발명자와 특허사무소 사이를 조율하며 특허가 적절한 권리범위를 가지면서 등록될 수 있도록 해야 한다.

특허관리자는 특허결정된 출원의 청구항을 검토하여 권리범위는 어떤지, 시장상황과 제품 적용여부 등을 검토해 특허를 평가할 필요가 있다. 평가 결과에 따라 특허의 중요성을 파악하고 기재해둔다.

특허결정이 있으면 등록료를 납부하기 전까지 분할출원이 가능하다. 특허가 적용되는 제품의 설계가 변경될 사정이 있거나, 추가로 특허 포트폴리오를 구축해야 하는 사정이 있다면 분할출원을 해 놓는 것을 권한다.

특허결정이 있으면 3개월 내에 설정등록료를 납부해야 한다. 설정등록료에는 3년간의 특허유지료도 포함되어 있다. 등록후 4년차부터는 매년 다시 특허유지료를 납부해야 한다는 사실을 기억하자. 이때 특허관리자는 중요특허인지에 따라 매년 특허의 유지여부를 검토하여 비용을 절약할 수 있다.

4. 특허분쟁관리

신기술이 도입된 제품을 출시하다보면 다른 기업의 제품에 의해 특허가 침해를 당하기도 하고, 자사의 제품이 다른 기업의 특허를 침해하기도 한다. 특허관리자는 기업에서 특허분쟁을 관리하는 역할도 수행하게 된다.

특허가 등록된 후에는 타기업의 제품이 등록된 특허를 침해하고 있지는 않은지 모니터링할 필요가 있다. 침해품이 발견된 경우에는 경고장 발송 등의 대응조치를 검토한다. 한편, 침해주장을 받은 경우, 예를 들어 경고장을 받거나 침해소송에 피소된 경우라면 특허관리자는 외부전문가와 협업하여 대응함이 바람직하다.

5. IP교육

특허관리자는 연구원 등에게 특허 등 IP교육을 주기적으로 실시해야 한다. 물론 특허관리자로서의 역할 초기인 경우 사내 IP교육을 직접 하기가 어려울 수 있다. 그럴 때에는 발명진흥회나 지식재산보호원 등에서 실시하는 교육프로그램을 신청하면 외부 전문가가 사내에 와서 교육을 하니 적극 이용하자.

6. 국가지원정책 활용하기

정부는 중소기업의 특허창출 및 활용에 대해 다양한 사업을 지원한다. 정책 정보는 아래와 같은 사이트에서 확인할 수 있다.

- 특허청 산업재산보호지원과

- 한국지식재산보호원 www.koipa.re.kr

- 지역지식센터 www2.ripc.org

- 한국특허전략개발원 www.kista.re.kr

특허관리자는 이 정책들에 대해 관심을 가지고, 적극적으로 이용할 필요가 있다. 위 공공기관 등에서 지원하는 지식재산권 컨설팅 지원사업 등을 통해 지원을 받을 것을 권한다.

직무발명이란?

발명에 대한 권리는 본래 발명을 한 사람의 것이다. 그런데 회사의 비용과 설비를 사용해 직원(종업원)이 발명을 한 것이라면 그 권리는 누구의 것일까? 발명을 한 사람은 종업원이지만 회사가 발명에 기여한 부분이 있으므로, 딱 잘라 말하기는 어렵다. 그래서 원칙적으로는 종업원이 특허를 받을 권리를 가지나, 회사가 이를 승계하는 경우가 많다. 이를 직무발명이라고 한다.

발명은 크게 직무발명과 직무발명이 아닌 자유발명으로 나뉘는데, 직무발명은 종업원이 회사의 직무와 관련하여 한 발명을 의미하고, 그 외의 발명은 자유발명이다. 해당발명이 직무발명인지, 또 그렇지 않은지에 따라 큰 차이가 생길 수 있다.

예를 들어보자. 홍길동 씨가 A회사에서 일하면서 연구한 '휴대폰 낙하충격 완화장치'라는 발명이 있다. 휴대폰이 낙하하는 순간 에어백이 터져서 액정을 보호하는 장치다.

만약 이 발명이 직무발명이라면 홍길동 씨가 취득한 특허에 대해 A회사는 소정의 권리를 가진다. 즉 A회사는 이 특허발명을 아무런 대가 없이 자유롭게 사용할 수 있다. 나아가 A회사에 직무발명 승계규정이 있다면 그 발명에 대한 권리는 A회사가 가지게 된다. 홍길동 씨는 그 발명에 대한 특허출원을 할 수 없다. A회사가 특허출원할 권리를 가진다. 다만 홍길동 씨는 그 특허의 발명자에 자신의 이름을 게재할 권리를 가지며, A회사가 특허를 가지는 것에 대한 반대급부로 정당한 보상을 받을 권리를 가질 수 있다.

그런데 이 발명이 직무발명이 아니라면 어떻게 될까? 자유발명이 된다. 앞의 사례에서 A회사가 휴대폰을 제작하는 회사가 아니라 유통업을 하는 회사라면 이 발명은 자유발명이 된다. 사용자의 '업무범위'에 관한 발명이 아니기 때문이다. 설령 A회사가 휴대폰을 제작하는 회사라고 하더라도 홍길동 씨가 영업직에만 종사했다면 자유발명이 된다. 종업원의 '직무'에 관한 발명이 아니기 때문이다. 이 경우 홍길동 씨가 완전한 권리를 가지고, A회사는 이 발명에 대한 어떠한 권리도 주장할 수 없다.

직무발명의 구별

그래서 직무발명인지 아닌지를 구별하는 것이 중요하다. 구별을 위한 직무발명의 요건은 발명진흥법 2조 2호에서 다음 3가지로 규정하고 있다.

1) 종업원 등(종업원, 임원, 공무원)의 발명일 것.

직무발명이 되기 위해서는 첫째로 종업원이 한 발명이어야 한다. 개인 사업자가 하는 발명은 직무발명이 아니다. 다만 법인의 대표는 법인으로부터 급여를 받으므로 종업원으로 인정된다. 임시 고용직, 수습직원 등 회사로부터 급여를 받는 모든 이는 종업원으로 인정하고 있다.

2) 종업원의 발명이 성질상 사용자 등(기업대표, 법인, 국가, 지방자치단체)의 업무범위에 속할 것.

직무발명이 되려면 그 발명이 사용자의 업무범위에 속해야 한다. 먼저 설명한 '휴대폰 낙하충격 완화장치'가 직무발명이 되기 위해서는 A회사가 휴대폰 제조회사나 연구회사가 되어야 한다는 의미다.

3) 발명을 하게 된 행위가 종업원의 현재 또는 과거의 직무에 속할 것.

직무발명이 되려면 그 발명이 종업원의 직무에 속해야 한다. 현재의 직무이든 과거의 직무이든 관계가 없다. 홍길동 씨가 삼성전자에서 지금은 영업직으로 일한다고 하더라도 5년 전에 연구원으로 일했다면 '휴대폰 낙하충격 완화장치'는 직무발명이 될 수 있다는 의미다. 이 3가지 요건에 모두 해당되면 직무발명에 해당한다.

직무발명으로 인한 혜택 3가지

앞에서 직무발명 규정을 잘 세워 놓는다면 회사에 이익이 있다고 설명했다. 회사에 어떤 이익이 있을까?

1. 직원들의 사기증진, 특허출원수 증가

회사에 직무발명보상금 규정을 도입하면 우선 직원들의 사기가 좋아
진다. 그리고 직원들도 특허를 더 출원하려고 욕심을 낸다. 지식재산
연구원의 조사에 따르면 직무발명 보상규정 보유기업의 특허보유건
수는 평균 118.4건인데 반해 비보유기업은 17.6건이었다. 즉, 직무발
명제도를 도입한 기업의 특허출원건수가 도입을 하지 않은 기업의
출원수보다 몇 배 많다는 의미다. 직원들이 직접 개발한 기술에 대해
회사에서 적정한 보상을 인정하게 되므로 근로의욕을 증가시키는 효
과가 있다.

2. 세제 혜택

앞에서 설명한 바와 같이 정부에서는 직무발명을 장려하기 위해 다
음과 같은 세제 혜택을 부여한다.

[직무발명보상금에 대한 종업원의 소득세 감면]

종업원이 회사로부터 받게 되는 직무발명 보상금에 대해서는 소
득세가 연 500만 원 한도까지 비과세된다. 종업원은 법인으로부
터 급여를 받는 대표이사도 해당된다.

[직무발명보상금에 대한 기업의 세액공제]

기업은 종업원에게 직무발명보상금으로 지출한 금액에 대해
100% 비용처리에 더하여 연구·인력개발비 세액공제를 적용받
을 수 있다.[30]

3. 직무발명보상 우수기업 인증시 혜택

특허청과 발명진흥회는 직무발명보상 우수기업 인증제도를 두고 있다. 기업의 직무발명 제도 도입을 장려하기 위한 제도다. 우수기업 인증제는 최근 2년 이내에 직무발명 보상제도를 모범적으로 실시하는 기업만이 인증되는 제도다.

인증되는 기업은 직무발명 보상규정, 보상실적, 합리적 운용 등 3가지 심의기준에서 평가점수 70점 이상이 되어야 되고, 인증을 받은 기업에게는 아래 3가지 인센티브가 지원된다.

[특허 · 실용신안 · 디자인우선 심사 대상 자격부여]

일반적으로 특허 · 실용신안 · 디자인 출원에 있어서 우선 심사신청을 위해서는 까다로운 자격요건을 만족하거나 선행기술조사 기관에 비용을 들여서 선행기술조사를 의뢰해야 한다. 이 선행기술조사에는 적어도 수십만 원의 비용이 지출된다. 그러나 우수기업으로 인증되면 이런 불편 없이 모든 출원에 대해서 우선심사를 신청할 수 있다.

[정부지원사업 대상자선정시 가점부여]

우수기업으로 인증되면 아래 모든 사업들에 대해서 가점이 부여되어 정부지원사업 선정확률이 높아진다.

---

30   조세특례제한법 제10조 및 동법시행령 제8조 제1항 관련 별표6

특허청	민간IP-R&D 전략지원 지원사업, 특허기술의 전략적 사업화 지원사업 등
중소기업청	중소기업기술혁신개발사업, 중소기업 융복합기술 개발사업, 중소기업상용화기술개발사업 등
미래창조 과학부	SW공학 기술현장 적용사업

[인증된 중소, 중견기업의 4~6년분 특허, 실용신안, 디자인 등록료 20%로 추가 감면]

우수기업으로 인증되는 경우 4~6년분 특허, 실용신안, 디자인 등록료 20%를 추가로 감면받게 된다. 특허 실용신안, 디자인 등록 건수가 많으면 상당한 비용을 줄이게 된다.

국내의 직무발명 현황

위의 혜택에도 불구하고 국내에 직무발명 규정을 두고 있는 회사는 많지 않다. 통계에 따르면 중소기업 중 오직 30% 정도가 직무발명제도를 도입하고 있다고 한다. 직무발명 보상제도 도입에 대한 검토가 필요한 시점이다.

직무발명 보상금

직무발명에서 가장 큰 이슈는 직무발명보상금이다. 직무발명이 회사로 양도되는 경우, 이에 대한 대가로 종업원에게 어느 정도의 금액을 보상할 것인지에 대한 문제이다.

직무발명보상금은 크게 출원보상금, 등록보상금, 실시보상금, 처분보상금 등으로 나누어진다. 출원보상금은 직무발명을 승계한 회사가 특허를 출원했을 때 직원에게 주는 보상금이다. 액수가 가장 작은 편이다. 반대로 회사에서 노하우나 영업에 대한 비밀 간직 등의 이유로 출원을 유보하는 경우, 종업원이 받게 되는 경제적 불이익을 참작해주는 출원유보 보상금도 있다.

등록보상금은 직무발명을 승계한 회사가 특허를 출원하여 등록받았을 때

직원에게 주는 보상금이다. 기업마다 다르지만 출원보상금보다 대체적으로 액수가 크다.

실시보상금은 회사가 그 직무발명을 실시함으로써 얻게 되는 이익에 대한 보상금이다. 제품에 특허를 적용한 경우다. 위의 보상금들보다 훨씬 큰 액수가 될 수 있다. 예를 들면 삼성의 '천지인' 특허로 인한 직무발명보상금의 청구는 실시보상금의 청구였으며, '청색 LED'의 특허로 인한 직무발명보상금의 청구도 마찬가지였다.

처분보상금은 그 직무발명으로 인한 특허권을 매각함으로써 얻게 되는 이익을 말한다. 역시 출원이나 등록보상금에 비해 액수가 크다. 공무원의 경우, 처분보상금을 법으로 정해 놓았는데 액수가 상당하다. 공무원 직무발명의 처분, 관리 및 보상 등에 관한 규정 제17조에 따르면, 특허청장은 국유특허권이나 특허출원 중인 직무발명에 대해 특허를 받을 수 있는 권리를 유상으로 처분한 경우에 그 처분수입금의 100분의 50에 해당하는 처분보상금을 발명자에게 지급해야 한다. 정부기관 소속의 연구원이 실시한 직무발명이 10억에 매각된다면 그 연구원은 5억 원을 처분보상금으로 받게 되는 것이다. 그렇지만 이는 국가나 공기업에 해당되는 부분이고, 사기업의 경우에는 이보다 훨씬 적다는 것을 기억해둘 필요가 있다.

직무발명보상금으로 인한 분쟁

직무발명으로 회사가 대박이 나는 경우가 종종 있다. 통신 분야의 특허로 막대한 로열티를 가져오는 퀄컴의 특허들도 대부분 직무발명이다. 삼성전자의 특허들 또한 대부분 직무발명이다. 3M의 포스트잇도 직무발명이었으며, 도루코의 컷트날도 직무발명이었다. 이런 직무발명은 회사 자체를 키우는 기폭제가 되곤 한다.

그런데 직무발명에 대한 보상 문제로 기업이 직무발명보상금에 관한 소송에 휘말리는 경우도 많다. 과거 삼성전자의 베스트셀러 휴대폰인 애니콜의 '천지인' 자판을 기억하시는 분이 많을 것이다. 2000년대 초, 천지인 자판은 초성과 모음을 이용하여 휴대전화의 적은 자판으로도 효율적인 한글입력이 가능하게 한 획기적인 자판이었다. 삼성전자는 천지인 자판을 개발한 P연구원에 대해서 당시 21만 원의 보상금만을 지급했고, 이에 반발한 P연구원은 회사에 부당이득 반환 청구소송을 제기했다. P연구원은 1심에서 패소한 후, 항소심에서 회사와 합의하고 소를 취하했다.

일본의 니치아화학공업은 나카무라 슈지의 청색 LED발명으로 인해 중소기업에서 글로벌 기업으로 성장했다. 그런데 청색LED를 발명한 나카무라 슈지는 회사로부터 2만엔의 보상금만을 받았다. 하지만 이에 격분한 그는 회사를 퇴사하고 미국으로 건너가 산타바바라대학의 교수가 되었다. 그런 후 그는 니치아화학공업에 대해 200억 엔의 부당이득 반환소송을 청구했는데 1심에서 200억 엔을 지급하라는 판결을 받았지만, 2심에서는 8억4,000만 엔에 화해하는 것으로 소송이 마무리되었다. 그는 결과에 강한 불만을 나타내며 "기술자들이여 일본을 떠나라"고 말했다고 전해진다.

개정된 발명진흥법은 "직무발명보상금 산정은 그 발명에 의하여 사용자가 얻을 이익의 금액과 그 발명의 완성에 사용자 및 종업원이 공헌한 정도를 고려해야 한다"[31]고 명시하고 있다. 그렇지만 지금도 직무발명보상금으로 인한 소송은 계속되고 있다. 보상금이 적음을 이유로 회사에 소를 제기하는 이들의 수는 점점 늘어나는 추세다. 다만, 최근의 보상금에 관련된 판결들을 살펴봐도 직무발명보상금의 인정액은 그리 크지 않다. 연구원들에게 하고 싶은 조언은 회사를 그만두면서까지 소송을 하는 경우 오히려 손해를 볼 확률이 크다는 점이다.

회사로서는 직무발명에 대한 적당한 보상을 지급하는 것이 인재유출을 막고 소송에 휘말리지 않는 방법이다. 적절한 보상을 통해 종업원들의 연구 의욕을 고취시키고, 발명의 질을 향상시킬 수도 있다는 점을 기억하자.

직무발명제도 도입은 어떻게 할까?

직무발명제도 도입이 결정되면 사내 직무발명제도 위원회를 구성하게 된다. 위원회에는 기업 측 대표, 종업원 측 대표가 반드시 각 1인 이상 참석해야 한다. 이 외에 특허전담부서 담당자도 참석하게 된다. 위원회가 구성되면 직무발명제도 규정을 협의하고 보상액을 결정한다.

보상금 산정은 그 발명에 의하여 사용자가 얻을 이익의 금액과 그 발명의 완성에 사용자와 종업원이 공헌한 정도를 고려해야 한다. 즉, 발명이 적용된 제품의 판매로 얻은 이익금액, 발명을 독점적으로 이용함으로써 얻는 이익

---

31 발명진흥법 제15조

률, 발명에 대한 실시료율, 발명자의 기여도 등을 종합적으로 고려해야 한다. 그 후 위원회는 결정된 규정을 종업원에게 제시하고 의견을 청취한다. 만약 이에 이의가 있다면 재협의를 하고, 이의가 없다면 책정된 직무발명제도를 사내에 공표하는 것으로 제도 도입이 완료되게 된다.

직무발명의 승계

종업원은 직무발명이 완성되면 사용자에게 문서로 그 완성사실을 통지해야 한다. 이를 받은 사용자는 종업원에게 통지를 받은 날로부터 4개월 내에 직무발명의 승계여부를 통지해야 한다. 만약 사용자가 승계를 원한다면 특허를 받을 권리는 사용자가 가져가고, 종업원은 보상금 청구권을 획득한다. 당연히 사용자가 출원할 때까지 발명에 대한 비밀유지 의무를 부담하게 된다. 그러나 사용자가 승계하지 않는다고 하면 특허를 받을 권리는 종업원에게 귀속되고, 사용자는 그 발명에 대한 무상의 실시권을 획득한다.

그러면 사용자가 아무런 대답도 하지 않는다면 어떻게 될까? 그렇게 되면 종업원이 특허를 받을 권리를 가지고, 사용자는 종업원이 동의를 하는 경우에만 실시권을 획득하는 페널티가 있다. 그러므로 사용자는 4개월 내에 꼭 승계여부를 종업원에게 통지해야 한다.

직무발명 관련 Q&A[32]

Q. 사내창업 휴직 중 한 발명은 직무발명인가요?

A. 직무발명에서의 종업원은 사용자(국가, 법인, 기업대표 등)에 대한 노무제공의 사실관계가 있어야 합니다. 즉, 사용자와 고용관계가 필요합니다. 판례는 사내창업 휴직을 하면서 그 기간 동안 원고로부터 급여를 받지 않았고, 위 휴직기간은 재직연수에도 포함되지 아니하며, 실질적인 지휘 내지 명령관계도 없었던 피고가 사내창업 휴직기간 중에 출원한 발명은 원고의 직무발명으로 보기 어렵다고 했습니다.

Q. 기술개발을 지시한 사람은 공동발명자로 인정되나요?

A. 그렇지 않습니다. 판례는 생산팀장이 통상적인 수준의 관리 · 감독업무를 한 경우, 특허발명에 창작적으로 기여한 진정한 공동발명자라고 볼 수 없다고 하였습니다.

Q. 종업원의 재직 중 모든 발명을 회사가 승계한다는 회사규정이 있는 경우, 자유발명도 회사 것이 되나요?

A. 그렇지 않습니다. 그 규정은 직무발명에 대해서만 효력을 갖고, 자유발명은 발명을 한 자에게 귀속됩니다. 자유발명과 관련해서는 회사규정은 효력을 잃습니다.

Q. 직무발명을 종업원이 마음대로 출원하면 어떻게 되나요?

A. 예약승계 규정 여부에 따라 두 가지 경우로 나뉩니다. 직무발명의 예약승계규정은 직무발명인 경우 특허를 받을 권리를 회사가 승계하기로 한다는 것을 뜻합니다. 법원은 예약승계규정이 있는 경우, 직무발명을 마음대로 종업원이 출원하거

---

32 발명진흥회 자료6

나 제3자에게 넘겨서 출원시켜서 그 발명을 공개시킨다면 회사에 손해를 입히는 것이므로 배임죄에 해당한다고 보고 있습니다.

그러나 예약승계 규정이 없다면 종업원이 출원해서 자신의 권리로 가져도 됩니다. 이 경우 종업원이 출원해서 자신의 권리로 가져가도 배임죄에 해당한다고 보지 않은 판례가 있습니다. 이런 이유로, 회사에서는 직무발명 규정을 잘 세워놓는 것이 중요합니다. 그 발명에 대한 권리가 누구에게 있는지가 완전히 달라지기 때문이죠. 그리고 이 외에도 직무발명 규정을 잘 세워놓는다면 회사에 세제 혜택이나 정부지원사업 가산점 등의 이익이 주어집니다.

Q. 종업원 A가 B회사와 C회사에서 근무했는데, A가 발명한 것은 누구의 직무발명인가요?

A. 발명을 완성한 당시의 회사와의 관계에서 직무발명이 성립합니다. 예를 들어 C회사에서 근무할 때 발명이 완성되었다면 C회사의 직무발명입니다.

Q. 회사 내부 직무발명보상 규정에 따른 보상금을 이미 수령한 경우, 추가로 보상금을 청구할 수 없나요?

A. 그렇지 않습니다. 삼성의 '천지인' 특허의 사례, 일본 니치아공업의 '청색 LED' 특허의 사례와 마찬가지로 정당한 보상금을 받지 못한 경우 추가로 청구할 수 있습니다.

Q. 성과급으로 보상금을 대신할 수 있나요?

A. 안됩니다. 보상금은 명확하게 별개로 지급하는 것이 바람직합니다. 판례는 직무발명보상금 명목으로 금원을 지급하였음을 인정할 만한 증거가 없는 이상 통상 성과금은 직무발명의 보상금으로 볼 수 없다고 했습니다. 다만, 과급의 지급경위, 지급시기, 지급 대상을 고려하여 성과금 중 일부를 직무발명보상금으로 볼 수 있

다고 한 적은 있습니다.

Q. 직무발명에 대한 보상금 청구권도 시효로 소멸하나요?

A. 그렇습니다. 판례는 일반 채권인 10년을 보상금 청구권의 소멸시효로 인정하고 있습니다. 발명을 완성하여 승계한 시점부터 보상금 청구권이 생기며, 직무발명특허가 처분된 경우, 처분보상금은 그 특허의 처분시점부터 소멸시효가 시작된다고 했습니다.

Q. 직무발명자가 직무발명을 제3자에게 누설하면 어떻게 되나요?

A. 영업비밀 침해죄나 배임죄가 인정될 수 있습니다. 판례는 회사와 종업원 간의 명시적인 영업비밀누설금지의 약정이 있었는지를 불문하고 회사의 이사 등에게는 비밀유지의무가 있다고 보아 영업비밀 침해죄를 인정한바 있습니다.

Part 06

글로벌 시대에
꼭 알아야 할
해외특허 특강

한 뉴스에서 어떤 제품이 국제특허를 받았다고 광고하는 문구를 보았다. 그때 필자는 '국제특허가 뭐지?'라는 생각을 했다. 외국에 특허를 받았다는 뜻인지, 국제특허출원을 했다는 뜻인지 모호했다. 국제변호사라는 말을 들을 때와 비슷했다. 변호사 자격은 국가별로 주므로 여러 국가에서 활동할 수 있는 국제변호사라는 자격은 존재하지 않는다. '2개국 이상 국가에 변호사 자격이 있다는 의미겠지…'라고 속으로 생각할 뿐이다.

마찬가지로 모든 국가에 영향을 주는 국제특허는 존재하지 않는다. 특허권은 기본적으로 속지주의를 취하기 때문이다. 즉, 한 국가에서 등록된 특허권은 그 국가에서만 권리가 있다는 뜻이다. 그래서 국제특허를 받았다는 말은 두 가지 중 하나다. 국제특허출원을 했다는 뜻이거나, 또는 두 국가 이상에서 특허등록을 받았다는 뜻일 것이다. 특허출원번호로 조회를 해보면 어떤 내용인지 정확하게 알 수 있다. 최근 검색시스템이 잘 되어 있어서 한국 특허출원번호나 특허등록번호만 조회해도 국제출원번호나 어느 국가에서 특허출원이 되어 있는지를 쉽게 알 수 있다.

그런데 국제특허출원을 하고 '국제특허를 받았다'고 광고하는 것은 바람직하지 않은 것 같다. 국제특허출원은 신청일 뿐, 그에 대해 등록을 받는 것은 아니니까. 당연히 특허권의 효력도 발생하지 않는다. 국제특허출원을 신청한 후에는 등록을 원하는 각 국가별로 진입해 따로따로 특허권을 획득해야 한다. 그러면 왜 국제특허출원을 하는지에 대한 의문이 생길 것 같다. 이어서 자세히 살펴보자.

특허권은 국가마다 존재하고 소멸한다. 이런 속지주의에 대해서는 이미 설명했다. 그래서 외국에 특허를 받기 위해서는, 특허가 필요한 국가마다 특허를 신청해야 한다. 이 신청에는 크게 두 가지 방법이 있다. 국제특허출원과 개별국 출원이다.

국제특허출원(PCT출원)

국제특허출원은 한 번의 출원으로 특허협력조약(PCT)에 가입된 국가들(2016년 기준으로 172개)에 출원하는 행위이다. 국제특허출원을 하면 PCT가입국 전체 또는 일부 지정하는 국가에 대해 각각 그 나라에 출원한 효과가 있다.

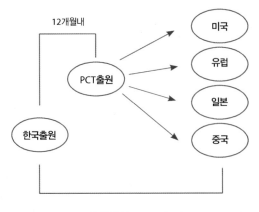

30개월내 (혹은 31개월내)

국제특허출원 시기

우선권 주장을 위해서 한국출원일로부터 1년 내에 국제특허출원을 해야한다. 국제특허출원의 출원일을 한국출원일로 앞당기기 위해서이다.

한국에 특허를 출원하고 12개월 내 외국에 특허를 내는 것을 잊고 있다가몇 년 후 큰 어려움을 겪은 출원인들이 생각보다 많았다. 한국특허를 출원할당시에, 수년 후 외국에 사업확장이나 수출할 것을 예상하지 못한 경우가 많았다. 수년 후 해외 바이어가 갑자기 나타난 경우도 있었다. 심지어 한국출원일로부터 12개월 내에 국제특허출원을 해야 한다는 사실을 모르는 경우도많았다. 해외특허를 출원하려고 했을 때는 이미 늦은 경우가 대부분이었다.

그런 이유로 제품이 해외로 진출할 가능성이 조금이라도 있으면 한국특허출원일로부터 12개월 내 국제특허출원(PCT출원)을 하라고 권하고 싶다.그러면 해외 어느 국가에서 특허를 받을지 결정할 시간적 여유(최초 출원일로부터 30개월)를 벌 수 있기 때문이다.

그러나 국제특허출원을 했다고 각 국가에서 특허권이 발생하는 것이 아니다. 특허를 등록받기 위해서는 개별국마다 진입신청을 별도로 해야 한다는 점을 명심하자. 국제특허출원 후 일정 기간 내에 진입을 원하는 나라들의 대리인을 선임하여 진입신청을 해야 한다.

출원	진입기한	비고
미국	최초 출원일로부터 30개월 내	연장불가
중국	최초 출원일로부터 30개월 내	비용을 내면 2개월 연장가능
유럽	최초 출원일로부터 31개월 내	연장불가

위의 기간 내 진입하지 않는 경우에는 당연히 그 국가들에서 특허를 받지 못한다.

국제특허출원의 장점

국제특허출원을 하면서 한국특허출원에 대해 우선권주장을 하는 것이 일반적이다. 한국특허출원을 기초로 1년 내에 우선권을 주장하여 국제출원을 하는 경우, 국제출원일을 한국특허출원일로 앞당길 수 있기 때문이다.

국제특허출원을 하게 되면 추후 해외로 진출할 때 많은 도움이 된다. 해외 수입업체가 제품수입에 대한 문의를 할 때 해당국의 특허가 있냐고 묻는 것이 보통이다. 이런 경우 국제특허출원번호를 이용하여 바로 해당국에 진입신청을 할 수 있다. 해외 수입업체에도 이런 사실을 알리면 충분히 납득한다.

국제특허출원을 한다면 PCT가입국 중 어느 국가에 특허를 받을지를 천천히 고민해 볼 수 있다. 최초 출원일로부터 30개월 내에 진입국을 결정하면 되기 때문이다. 반면, 국제특허출원을 하지 않는 경우라면 최초 출원일로부터 12개월 내에 각 국가마다 개별적으로 출원해야 한다('조약우선권출원'이라고 한다).

국제특허출원을 하면 국제조사기관의 선행기술조사(국제조사보고서)를 받을 수 있는 장점도 있다. 국제조사보고서를 받고 등록가능성이 없다고 판단되면, 개별 국가들로 진입을 안 할 수 있으므로 비용을 아낄 수 있다.

국제특허출원을 한 경우라면, 국제특허출원 ○호라고 광고할 수도 있는 점도 하나의 마케팅 포인트이다. 국제특허출원의 언어는 한국어도 가능하다. 한국어가 국제특허출원의 국제 공개어로 지정되었기 때문이다. 즉, 한국에 출원된 명세서를 외국어로 번역 없이 한글로 국제특허출원을 할 수 있다는 뜻이다. 번역을 할 필요도 없을 뿐만 아니라 국내대리인이 국내특허청을 통해 신청할 수 있으므로 절차가 간편한 편이다.

국제특허출원 후 개별국 절차 밟는 법

국제특허출원을 하면 그 최초출원일(통상적으로 한국출원일)로부터 30개월(또는 31개월) 내 개별 국가마다 대리인을 지정하여 진입신청을 해야 한다. 진입 시에는 일반적으로 특허명세서의 번역문과 위임장이 필요하다. 미국과 같이 발명자 선언서[33]를 추가로 요청하는 국가도 있다.

---

33 미국특허출원에서 발명자는 명세서의 내용을 검토하고 이해했으며, 서명된 발명자가 특허 청구된 발명의 진정한 발명자임을 믿으며, IDS 제출의무를 인식하고 있다는 진술내용을 발명자 선언서에

진입신청을 하면 그때부터 각 국가에 개별적으로 출원한 경우와 마찬가지로 출원일자가 인정된다. 한국과 마찬가지로 출원에 대한 심사청구가 필요한데, 미국은 출원과 동시에 심사청구를 해야 하고, 일본, 유럽, 중국은 한국과 마찬가지로 출원 이후 일정 기간 내에 하면 된다.

심사청구가 되면, 해당국의 특허청에서 특허출원을 심사하여 거절이유통지를 발행하거나 등록결정을 내린다. 거절이유통지는 해외대리인에게 발송되고, 국내대리인과 협업하여 거절이유 해소를 위한 대응(의견서, 보정서 제출 등)을 한 게 된다.

개별국 진입 이후부터는 국가마다 큰 비용이 든다. 미국이나 일본에 진입 후 등록까지의 비용은 특허청비용과 대리인비용을 포함해 1천만 원 이상이 든다. 유럽특허청에 진입부터 등록까지의 비용은 평균적으로 2천만 원 이상이 든다. 중국의 경우에는 비용이 미국보다 조금 저렴한 수준이다.

출원인은 특허등록을 받고자 하는 개별국으로 국제특허출원절차를 거치지 않고서도 직접 특허를 출원할 수 있다. 이를 개별국 특허출원이라 한다.

개별국으로 특허출원을 하는 경우, 특정국가에 대한 대리인을 선임해야 하고, 그 특정국가를 위한 특허명세서의 번역문 준비를 마쳐야 한다. 준비를 마치면 선임된 대리인이 특허출원을 진행한다.

기재하고 서명해야 한다.

우선권 주장을 위해서 최초 출원일로부터 12개월 내에 각 국가마다 번역문을 준비해서 개별적으로 출원해야 한다. 한국에 먼저 2016년 1월 1일에 출원했다면, 미국, 일본, 중국 등으로 각각 2017년 1월 1일 전까지 출원해야 한다는 뜻이다. 번역문의 준비와 대리인에 의한 출원신청이 기한 내 완료되어야 하므로, 일정이 촉박하고 초기에 많은 비용이 발생한다.

≫ 더 알아보기

국제특허출원과 개별국 출원의 비교

국제특허출원을 신청하면 국제특허출원 자체로 비용이 추가되는데, 관납료만 대략 200만 원에 가깝게 든다. 적지 않은 금액이다. 이 금액은 해외 각국에 개별적으로 출원하는 경우에는 들지 않는 비용이다. 그래서 출원할 국가가 명확하고, 출원국가의 수가 한두 개라면 국가별로 개별국 출원을 할 것을 권한다.

그렇지만 3개국 이상의 특허출원이 필요한 경우에는 국제특허출원을 검토하는 것이 좋다. 각국에 대한 진입 전 등록가능성을 예측해 볼 수 있고, 개별국에 대한 준비(대리인 선정, 번역문 준비, 각 국가에 맞는 청구항 검토 등)에 시간을 벌 수 있기 때문이다.

또한 해외출원을 해야 말지 고민이 되거나, 어느 국가에 해외출원을 할지 정해지지 않은 경우에 국제특허출원이 바람직하다. 일단 국제특허출원이 되면, 최초 출원으로부터 30개월까지 시간을 벌 수 있기 때문이다. 비용이 추가로 지출되지만 추후 특정 국가에 특허가 필요할 때 출원하지 못하는 경우를 생각하면 저렴한 비용이다.

해외대리인 선정의 중요성 02

해외출원을 하는 데 있어서 어느 대리인에게 해당 국가에 사건을 맡길지는 대단히 중요하다. 저렴한 대리인에게 맡기면 자칫 중요한 특허를 망칠수 있고, 비싼 대리인에게 맡기면 비용이 2배까지 들 수도 있다.

그러므로 해외출원을 할 때에는 해당 국가에 경험이 많은 국내 특허사무소를 통해서 맡기는 것이 낫다. 해당 국가에 경험이 많으면 어떤 대리인이일을 잘하고, 어떤 대리인이 일을 못하는지, 그리고 비용은 어떠한지도 대체로 파악할 수 있기 때문이다.

해외 특허사무소를 출원인이 직접 연락해서 국내 특허사무소를 거치지않고 출원하는 경우도 있을 수 있다. 이 경우 초기비용을 아낄 수는 있을지모르나, 중간사건에서 거절이유 극복을 위한 대응이 필요할 때 거절이유를

분석하고 해결책을 제시할 수 있는 국내변리사의 도움을 받을 수 없다. 나아가 국내대리인이 관리하지 않는다면 불필요한 거절이유가 추가로 발생할 확률이 높다. 거절이유가 1번 발생하는 경우, 주요국 중간사건의 해외대리인 비용은 보통 2백만 원 이상이다.

더구나 해외출원을 하는 경우, 총비용이 국내대리인의 역량에 따라 달라질 수 있다는 것은 출원인들이 잘 모르는 사실이다. 예를 들어, 미국대리인에게 '진보성에 대한 거절이유' 관한 대응방법을 작성해서 보내달라고 요청하면 그 비용은 수천 불에 이른다. 그런데 국내대리인이 자체적으로 진보성에 대한 거절이유를 분석하고 발명자와 상의해 대응방안을 작성해서 보낸다면 그 비용은 절반 또는 1/3 이하로 줄어든다.

한 예로, 국내 D대기업의 경우 해외 중간사건의 절반 정도는 해외대리인의 코멘트를 받아서 대응방안을 작성하고, 절반 정도는 해외대리인의 코멘트 없이 국내변리사에게 직접 대응방안을 작성하도록 하여 비용을 절약하고 있다.

필자의 경험에 따르면 기재불비(절차상, 번역상 명세서의 오류)에 대한 거절이유는 해외대리인이 대응방안을 작성하는 것이 효율적이었다. 해외대리인은 해당국가의 절차나 언어에 대한 전문가라는 장점이 있기 때문이다.

반면, 진보성에 관한 거절이유는 국내대리인이 대응방안을 작성하는 것이 더 효율적이었다. 국내대리인은 발명자와 직접 기술문제를 상의할 수 있기 때문이다. 해외대리인에게 '진보성에 대한 대응방안'을 작성하게 하는 경우, 발명을 잘못 파악하여 문제점이 많은 대응방안을 가져오는 것을 종종 보았다. 발명자와 상담할 수 없고, 번역이 매끄럽지 못했던 이유도 있을 것이다. 과거 필자의 경험으로는 출원발명이 선박의 구조에 관한 발명이었는데 화학을 전공한 미국 특허변호사가 대응방안을 작성해서 보내온 적이 있다. 발명의 내용을 전혀 파악하지 못하고 작성한 대응안이어서, 국내 발명자와 상의해 처음부터 재작성할 수밖에 없었다.

그렇다고 출원인 입장에서 잘 모르는 국가의 대리인들이 어느 곳이 나은지 비교해서 그 대리인 지정을 국내 특허사무소에게 요청하기는 쉬운 일이 아니다. 신뢰할 수 있는 국내 특허사무소와 좋은 관계를 맺는 것을 권한다.

번역에도 신경 써 주세요 03

해외특허출원에서 특허명세서의 번역이 잘못된 경우, 결과는 아주 치명적이다. 작게는 거절이유가 발생해서 비용이 추가로 들고, 크게는 등록을 받을 수 없거나 등록을 받아도 소송에 쓰기 어렵다. 그런데 그 번역에 대해 크게 고민하는 출원인들은 많지 않은 것 같다.

필자는 번역을 엉망으로 해서 미국으로 보내진 명세서가 그대로 출원되어, 해외대리인이 중간사건에서 명세서를 다시 쓰자고 제안한 사례를 본 적이 있다. 수천불을 청구하는 사례였다.

또한, 번역이 잘못된 채로 중국에 출원된 사건을 필자가 중간사건부터 맡은 적이 있다. 그 사건은 아직도 해결되지 않고 복심단계까지 가 있는 상태이다. 청구항에 기재된 내용의 의미를 파악할 수 없다는 거절이유가 통지되었는데, 이를 명확하게 하는 보정을 하니 최초 명세서에 없었던 내용을 추가하는 것이라고 하여 거절한 것이다. 중국은 기존 명세서에 없었다고 보이는 사항을 추가하는 '신규사항 추가금지' 규정을 다른 나라들보다 훨씬 엄격하게 적용하여, 번역이 잘못된 경우 수정하기가 쉽지 않다. 처음부터 번역을 명확하게 해서 진행했으면 하는, 아쉬움이 많은 사건이었다. 결국 등록을 위해서는 몇 배의 비용을 더 쓰게 되리라고 예상된다.

이처럼 번역의 질에 따라서 1,000만 원이 들어야 할 비용이 2,000만 원이 되기도 하고, 1억 원의 가치가 있는 특허가 무의미한 특허가 되기도 한다.

특허 번역 방법 3가지

한국에서 작성한 특허명세서를 외국어로 번역하는 방법은 크게 3가지로 나누어진다.

1. 번역을 지정국의 해외대리인에게 맡기는 방법

국내대리인의 입장에서는 가장 편한 방법이다. 출원을 지시하면서 번역을 함께 해달라고 하면 되는 절차이니까. 더욱이 번역단계에서 문제가 될 만한 사항들을 걸러내므로 중간사건에서 곤란해질 수 있는 문제도 줄어든다. 해외대리인은 특허출원부터 등록까지 많은 경험을 가지고 있으므로 문제가 될 만한 용어나 청구항을 출원단계에서부터 걸러낼 수 있다. 해외대리인의 입장에서도 비용을 많이 청구할 수 있어서 가장 좋아하는 방법이다. 다만, 그 비용은 국내에서 번역을 해서 보내는 것보다 몇배 비싸다. 가장 안전하지만 가장 비싼 방법이다.

2. 번역을 국내 번역업체에게 맡기는 방법

국내 번역업체들은 해외 출원을 위한 번역을 많이 경험해 왔고, 비용도 저렴한 편이다. 다만 국내 번역업체들은 해외 출원과정에서 발생하는 거절이유에 대한 피드백을 받지 못하게 되므로 해당국가의 특허 용어를 어떤 식으로 번역하면 되는지 알기 어렵다. 특정 국가에서 어떤 방식으로 청구항을 작성하는지 숙지하지 못하는 경우 종종 문제가 생기곤 한다.

3. 해외 지정국의 번역업체에 맡기는 방법

앞선 두 경우에 비하면 자주 사용되지 않는 방법이다. 하지만 중국의 경우 중국어와 한국어에 능통한 조선족이 번역분야에서 많이 활동하고 있으므로 이들이 운영하는 번역업체를 잘 찾는다면 상당히 저렴한 가격으로 번역을 할 수도 있다.

위의 어떤 경우에든 가장 중요한 것은 번역된 명세서를 해당국가의 특허전문가가 출원 전 리뷰하게 하는 것이다. 만약 리뷰과정을 건너뛴다면, 아낀 비용의 몇 배를 중간사건에서 지출할 수 있다.

영어 번역에 대한 팁

미국 출원의 경우, 출원 실무를 잘 알고 있는 미국 특허전문가가 명세서를 적어도 한 번은 검토해야 불필요한 거절이유가 발생하지 않는다. 국내 대리인이 미국의 출원절차에 익숙해서 번역된 명세서를 리뷰하면서 거절이유를 걸러낼 수 있다면 가장 좋을 것이다. 다만 미국 특허실무에 그 정도로 익숙한 전문가를 찾기는 쉽지 않다.

그래서 번역을 실무적으로는 국내에서 하고, 해외대리인에게 리뷰해달라고 정식으로 요청하기도 한다. 풀 리뷰(full review)를 요청하면 번역의 오류뿐만 아니라 미국 출원명세서의 형식에 맞게 모두 고쳐주면서 문제가 될 만한 용어들을 처음부터 교정해준다. 다만 이러한 풀 리뷰는 비용이 매우 비싸 보통 출원인들에게는 감당하기 어렵다. 필자가 경험해본 출원인들 중 대기업 A는 이 방법을 사용했다.

국내에서 번역을 모두 진행하고 해외대리인에게 보내면서, 적어도 청구항만이라도 무료로 혹은 낮은 비용에 리뷰해 달라고 요청하는 방법도 있다. 국내대리인이 해외대리인과 좋은 관계에 있는 경우 가능하다. 최근 경쟁이 심해져 해외대리인이 규모가 작은 사무소라면 영업을 위해 이 조건을 수용하기도 한다. 중소기업이나 개인에게는 이런 방법을 추천한다.

유럽특허출원을 하는 경우 미국출원을 위해 번역된 영문명세서를 그대로 이용하는 편이다. 물론 청구항 작성방법이나 청구항의 관납료 부가기준이 다르므로, 일정 부분 수정할 필요는 있을 것이다.

중국어 번역에 대한 팁
중국어 번역을 위해서는, 영어로 번역한 명세서를 중국어로 번역하는 방법과 한국명세서를 중국어로 번역하는 방법 2가지가 있다. 2가지 방법 모두 자주 쓰이고 있다. 개인적인 의견이지만 번역이 2단계를 거치면 원문과 상당한 차이가 발생하는 경우가 많으므로, 가급적이면 한국명세서에서 중국어로 직접 번역하는 것이 바람직하지 않을까 생각한다.

중국어 번역과 관련, 중국에서 출원을 진행하는 대리인에게 번역을 다 맡겨버리면 상당한 비용이 청구되기도 한다. 중국 변호사들의 비용이 물가에 비해 저렴하지 않으며, 한국어는 소수 언어로 취급되어 영어보다 비싸기 때문이다. 중국대리인에게 번역까지 함께 요청한 경우, 출원비용이 예상보다 훨씬 커지는 경우를 자주 보아왔다.

일본어 번역에 대한 팁

일본의 경우 일한 · 한일 번역이 매우 잘 되어 있는 편이고, 일본 명세서와 한국 명세서의 구조가 크게 다르지 않다. 그래서 영어를 거치지 않고 한국어에서 일본어로 바로 번역할 것을 권한다. 비용을 절약하고 싶다면 국내에서 번역 후 일본대리인의 리뷰를 거쳐 출원하는 방법을 추천한다.

효율적인
해외출원 노하우 04

전에 국제특허출원에서 진입한 모든 국가에 대해 동시에 심사청구를 한 케이스를 본 적이 있다. 각 국가에서 유사한 거절이유들이 동시에 발행이 되면서, 각 국가에 개별적으로 대응을 해야만 했다. 이처럼 모든 국가에 대한 심사를 동시에 진행하는 것은 비효율적이다. 자칫하면 특허 비용이 두 배가 될 수도 있다.

예를 들어 각 국가별로 심사를 동시에 진행하면 동일한 선행문헌에 기초한 비슷한 내용의 거절이유를 국가마다 받을 수도 있다. 그러면 이들 거절이유를 극복하기 위해 의견서와 보정서를 국가마다 각각 제출해야 한다. 그러면 각 국가마다 다른 내용의 보정서가 제출될 수 있다. 결국, 각 국가마다 다른 권리범위를 가지는 특허청구항으로 등록받게 되는 것이다. 이러면 특허의 통합적인 관리가 더 어려워질 수 있다.

특허관리의 편리나 비용절감을 위해서라도 국가별로 심사의 순서를 달리할 필요가 있다. 미국, 유럽, 일본 등 여러 국가에 출원한다면 이들 중 일부 국가에서 먼저 심사를 받고, 다른 국가들은 심사를 나중으로 미루는 것이 효율적이라는 의미이다.

국가별 진행순서에 대하여

미국은 심사청구를 출원과 동시에 해야할 뿐만 아니라 심사속도 또한 빠르다. 그래서 주로 미국특허를 우선 진행하고, 다른 나라들의 심사를 늦추는 편이다. 미국특허가 등록되면 그 후에 다른 국가들에 진입하거나 심사를 청구하는 전략을 많이 쓴다.

한국출원을 기초로 하는 PCT출원의 경우, 한국에 '우선심사'를 신청하여 먼저 등록결정을 받고, 이를 기초로 해외 국가에 진입하는 전략을 쓸 때도 많다. 참고로 한국에서 우선 심사를 신청하는 경우, 세계 최고 수준의 심사속도를 경험할 수 있다(1-2개월만에 심사가 시작되기도 한다).

특허심사하이웨이(PPH; Patent Prosecution Highway) 신청

특허심사하이웨이(PPH)란 출원인이 동일한 발명을 2개 이상의 국가의 특허청에 출원하여, 어느 한 국가 특허청에서 등록결정서 또는 특허 가능통지서를 받은 경우, 다른 국가의 특허청에 제출하여 우선심사를 신청하는 제도를 말한다. IP5를 포함한 주요국들은 우리나라와 PPH협약이 체결되어 있다.

그러므로 해외 출원된 국가 중 하나의 국가에서 먼저 등록결정이 나면,

이를 이용해서 다른 국가들에 PPH신청을 할 수 있다. 일 국가에서 등록결정이 있는데도 다른 국가에 PPH를 청구하지 않는다면 시간과 비용을 절약할 수 있는 기회를 놓치게 된다. PPH신청을 적극 이용하자. 중간사건이 줄어들어 비용을 절약하게 되며, 등록가능성도 높아질 것이다.

국가별 청구항 개수에 대하여

출원료나 심사청구료의 산정과 관련하여, 기본료에 포함된 청구항 수는 국가마다 다르다. 중국은 10개까지, 유럽은 15개까지, 미국은 20개까지의 비용이 기본료에 포함되어 있다. 단, 미국은 독립항 개수를 3개까지만 기본료에 포함시키고, 독립항 1개가 추가될 때마다 240불의 비용이 추가된다.(소기업 기준)반면, 한국과 일본은 기본료가 작은 대신, 청구항 1개마다의 추가비용이 부가되는 방식이다.

특허료나 연차료의 산정에서도 한국과 일본은 청구항 수에 비례하여 금액이 가산되고, 미국과 유럽은 특허 1건 단위로 동일 금액이 적용된다.

그러므로 현재 제도하에서는 미국, 유럽, 중국에 출원할 특허는 기본료에 포함된 청구항의 개수 이하로 청구항 수를 조절하는 것이 바람직하다. 그리고 한국이나 일본에 등록된 특허는 등록 후 연차료를 관리하는 단계에서, 독립항은 보존하고, 종속항은 꼭 필요한 것만 남기는 것을 고려하면 좋다.

이렇듯 국가마다 적절한 숫자로 청구항을 조절하면 특허 비용을 상당히 절감할 수 있다는 사실을 기억해 두자.

미국

≫

지금부터는 미국, 유럽, 중국, 일본의 특허출원절차에 대해 살펴보려 한다. 이 외의 국가들도 고유의 특허제도가 있지만, 이들만 언급하는 이유는 전세계에서 이 국가들에 특허출원을 가장 많이 하기 때문이다. 전세계에서 특허출원 수가 가장 많은 이 국가들을 IP5라고 한다. 다행히 남은 하나의 국가는 '대한민국'이다.

첫 번째로 살펴볼 국가는 미국이다. 미국은 가장 무시무시한 대리인 비용을 청구하는 나라 중 하나이다. 미국은 해외출원 중 가장 많은 비중을 차지하며, 외국 중 특허가 가장 빨리 등록되는 나라이기도 하다. 그러므로 미국 특허제도의 절차에 대해 숙지할 필요가 있다.

한국에 특허, 실용신안, 디자인이 있다면 미국은 기술특허(Utility Patent), 디자인특허(Design Patent), 식물특허(Plant Patent)가 있다. 미국에는 한국처럼 실용신안제도를 별도로 두지 않고 특허로 규정하고 있다. 그래서 한국의 특허, 실용신안은 미국에서의 기술특허에 해당하고, 한국에서의 디자인은 미국에서의 디자인특허에 해당한다는 점을 기억하자.

미국 출원 시 주의해야 할 5가지

첫 번째는 명세서의 번역이다. 한국 명세서를 그대로 한국에서 영어로 번역해서 제출한다면 불필요한 거절이유가 발행되고, 등록이 된다고 해도 권리행사가 힘들어진다. 비용을 아끼기 위해 번역은 한국에서 하더라도 적어도 청구항 만큼은 미국 실무에 정통한 이가 검수를 하는 편이 좋다. 여기에서 비용을 아낀다면 중간사건에서 더 큰 비용으로 돌아올 수 있다.

두 번째는 청구항의 개수다. 미국은 청구항끼리 다중인용을 하는 경우, 인용하는 청구항의 개수를 모두 카운트하므로 청구항의 개수가 실제보다 많이 카운트될 수 있다. 출원 시 청구항이 20개이내여야 기본료만 부가되고 그 항수가 추가되면 상당한 가산료가 부가된다. 또 독립항이 3개를 넘기면 이에 대한 가산료가 부가된다. 청구항을 잘 조절해야 비용을 아낄 수 있다.

세 번째는 발명자선언서다. 다른 나라와 달리 미국은 발명자가 본인인지 확인케 하는 내용을 선언하는 발명자선언서를 제출해야 한다. 출원 시 위임장과 함께 제출하지 않으면 부가적인 관납료와 함께 추가로 제출해야 하므로 출원 시 제출하는 것이 바람직하다.

네 번째는 IDS(Information Disclosure Statement)다. 출원인 자신이 알고 있는

선행문헌을 미국 특허청에 알리고 특허심사에 참고하는 제도다.[34] IDS 제출 의무를 지키지 않을 경우, 특허를 등록받아도 미국에서 권리행사를 할 수 없는 페널티가 있다. 특허의 등록 전까지는 반드시 제출해야 하므로 유의하자.

마지막 다섯 번째는 발명의 성립성 문제다. BM발명, 즉 비즈니스 모델 발명은 사업아이디어인 영업방법이 컴퓨터·인터넷상에서 수행되는 발명이다. e-commerce, 보험, 뱅킹 등이 이에 해당된다. 그런데 이런 BM(Business Method)발명이 미국에서 등록받을 수 있는 가능성은 낮은 편이다. 추상적 아이디어(Abstract Idea)는 과학과 산업의 기초 빌딩블록이므로 특허법을 통해 점유할 수 없다는 미국 대법원의 판례 때문이다.

구체적으로 미국 연방대법원은 Bilski v. Kappos 판결에서 "상용품 시장 거래 과정에서 가격 변동의 리스크를 회피하는 영업방법은 추상적 아이디어여서 특허대상이 아니다"라고 판시했으며 2014년 6월, Alice Corporation v. CLS Bank 사건에서 추상적 아이디어를 컴퓨터 시스템에 연계한 것에 불과한 소프트웨어(SW) 발명은 특허대상이 될 수 없다는 판결을 선고한 적이 있었다. 이는 널리 알려진 유명한 사건이라 'Alice 판결'이라고 부른다.

'Alice 판결'이 있은 후, 특허 침해소송에서 기존 등록된 소프트웨어 및 BM특허들의 무효화 주장이 눈에 띄게 증가했다. 무효 성공률도 소프트웨

---

34   미국특허출원에서 발명자는 명세서의 내용을 검토하고 이해했으며, 서명된 발명자가 특허 청구된 발명의 진정한 발명자임을 믿으며, IDS 제출의무를 인식하고 있다는 진술내용을 발명자 선언서에 기재하고 서명해야 한다.

어 특허는 65%, BM특허의 경우 78%에 이르렀다.[35]

다만, 이에 반대되는 판례들도 존재한다. 2016년 5월, 연방항소법원은 엔피쉬 SW특허의 특허성을 인정하면서, 엔피쉬 발명이 기존 데이터베이스(DB)와 달리 '자기 참조형 모델'(self-referential model)을 바탕으로 저장 공간을 적게 사용하고 검색 시간을 단축해 컴퓨터 기술을 향상시켰다고 했다. 그리고 2016년 6월 배스컴(Bascom)과 AT&T 간 특허분쟁에서도, 그리고 2016년 9월 맥로(McRO) 사건에서도 SW특허의 특허성을 인정한 바 있다.[36]

현재와 같은 경향에서는 BM발명이나 SW발명을 미국에 출원하는 경우, 추가적인 검토가 필요하다. 명세서 작성부터 철저히 준비하지 않으면 등록을 받지 못하게 될 가능성이 높기 때문이다.

미국 출원 시 활용할 제도 4가지

1. 가출원(provisional application)

미국의 출원제도 중에서는 가출원이 이용가치가 높다. 명세서를 작성하지 않고, 논문을 그대로 출원하거나 심지어 PPT 한 장으로 가출원을 제출할 수도 있기 때문이다. 가출원만 해서는 특허를 받을 수 없고, 가출원일로부터 1년 내에 우선권을 주장하며 정규출원을 해야 한다. 벨보다 먼저 전화기 특허를 가출원한 안토니오 무치는 정규출원

---

35 http://www.koreatimes.com/article/1015186

36 http://www.etnews.com/20170411000057

을 하지 못하여 특허를 받지 못했다.

2. 특허심사하이웨이(PPH: Patent Prosecution Highway)

특허심사하이웨이(PPH)란 출원인이 동일한 발명을 2개 이상의 국가의 특허청에 출원하여, 어느 한 국가 특허청에서 등록결정서 또는 특허 가능통지서를 받은 경우, 다른 국가의 특허청에 제출하여 우선심사를 신청하는 제도이다. 이 PPH제도는 출원인의 비용과 시간을 크게 절약해 줄 수 있다. 미국과 한국은 PPH협약이 체결되어 있다.

한국에 먼저 특허출원을 하고, 이를 기초로 미국에 우선권출원을 했다고 가정하자. 이때 한국에서 먼저 특허결정통지를 받았다면 이를 근거로 미국에 PPH신청을 할 수 있다. 그러면 미국 심사관은 한국에서 인용된 선행문헌이나 극복과정을 참작하게 되고, 적어도 거절이유통지가 1번은 덜 하게 된다. 미국에서 거절이유 1번이 덜 나오게 되면 적어도 200~300만 원이 절약된다. 특허등록률이 올라간다는 통계도 있다. 또한 PCT출원의 국제조사보고서에서 특허성이 있다는 언급이 있다면 이 국제조사보고서를 기초로 PPH신청도 가능하다.

3. 관납료 할인 적용

미국 출원 시 관납료를 신중히 검토해야 한다. 미국에서는 대기업이 아닌 소기업이나 개인인 경우 관납료를 할인해 주고 있다. 미국출원의 관납료는 large entity(대기업), small entity(중소기업), micro entity(개인)으로 구분된다. 그리고 중소기업은 관납료를 50%로 할인해주고, 개인은 관납료를 75%로 할인해 준다. 관납료 할인은 출원 시부터 등록, 그리고 연차료까지 모두 적용되므로, micro entity이나 small entity에 해당된다면 반드시 할인을 신청하기를 권한다. 주요 요건을 보면 small entity는 종업원이 500명 이하이어야 하고, micro entity는 출원인이 4개 이하의 미국출원만을 가지고, 출원인 모두가 미국 평균 근로소득의 3배 이내이어야 한다.

특히 micro entity의 경우 증명해야 하는 서류가 있으므로 신청은 번거롭다. 하지만 micro entity 요건이 되는데도 small entity로 진행하는 경우, 20년간 특허를 유지하는 데 최소 수백만 원 이상의 비용차이가 발생하게 된다. 신청할 때 꼭 알아두어야 할 사항이다. 수년 전 필자가 미국에 개인의 특허출원을 진행하던 도중, 선정했던 미국 대리인이 자신들의 로펌에서는 micro entity를 취급하지 않는다고 고집하여, 다른 로펌으로 대리인을 변경한 적이 있었다. 그냥 진행했다면 출원인에게는 최소 수백만 원의 추가비용이 발생했을 것이다.

4. 부분계속출원(CIP)

미국에서는 원출원이 계속 중이면 언제든지 개량발명을 계속해서 출원할 수 있다. 특히 부분계속출원(CIP)을 이용하면 원출원의 최초 명세서에 기재되지 않은 내용에 대해서도 기재할 수 있는데, 원출원과 동일한 부분에 대해서만 출원일이 원출원일로 앞당겨진다. 한국의 국내우선권주장출원과 달리 원출원이 취하되지 않으므로, 하나의 특허에 기초하여 수십개의 특허가 나오기도 한다. 기업에서 특허포트폴리오를 구축할 때 이용가치가 높다.

정리하기

미국의 특허 등록은 유럽이나 일본에 비해서 어렵지 않은 편이다. 그렇지만 미국의 대리인 비용은 살인적이다. 이메일에 답변을 해준 것까지 모두 대리인 비용으로 청구를 하고, 서류를 빠뜨리면 관납료와 대리인 비용이 동시 발생되기도 한다. 그러므로 미국특허청의 절차를 숙지하고 있는 국내대리인을 선정하여 미국출원을 진행해야 비용낭비를 막을 수 있다.

중국

›››

중국에 특허출원이 필요할까?

어느 날 한국 A기업은 중국 기업들로부터 실용신안권에 기초한 침해 경고장을 여러 장 받았다. 자체 개발한 스마트용 장갑을 중국 온라인 쇼핑몰 타오바오에 수출해 팔던 A기업이었다. 경고장의 내용을 살펴보니 자신의 제품을 베껴서 파는 중국 업체들이 중국 실용신안권을 취득한 것이다. 적반하장이 따로 없었다. 제품을 베껴서 팔던 중국 업체들은 되레 A기업에 항의를 하게 된 것이다. 이에 대해 권리를 소명하지 못한 A기업은 타오바오로부터 계약해지를 당했다. 중국에 특허를 내지 않고 중국에 수출을 진행한 것이 큰 실수였다.

유아용 텐트를 중국에 수출해 팔던 B기업은 자신들의 디자인을 도용해서 타오바오에 판매한 중국 기업을 타오바오에 신고했다. 그러나 B기업은 중국에 디자인특허가 없었다. 자신들이 중국에 등록한 상표권을 기초로 신고했으나 신고상품에 사용된 도안이 B기업의 상표와 모양이 달라서 구제받지 못했다. 등록하지 않아도 주장이 가능한 저작권을 기초로 신고했지만 상품 디자인 카피는 저작권으로 신고할 수 없다는 답변만 들었다. 디자인특허를 근거로 신고가 가능하다는 답변만이 덧붙어 있었다.

두 가지 사례의 공통점은 뭘까? 중국에 수출을 하면서도 중국 지재권에 대한 대비가 되어 있지 않다는 사실이다. 우리 기업의 해외 지재권분쟁은 중국에서 가장 많다. 2015년, 지식재산연구원 조사결과에 따르면 수출기업이 겪은 해외 지재권분쟁의 36%가 중국에서 발생했다고 한다.

그런데도 왜 우리 기업들은 상황이 이런데도 계속 당하고 있을까. 아직도 우리 기업의 중국 특허출원은 매우 저조하다. 국내 기업의 중국 수출은 다른 국가에 비해 가장 높지만 중국 진출기업 중 중국에 지재권을 가지고 있는 업체는 13.3%에 지나지 않는다(특허청 지재권 피해침해실태조사, 2012년 2,700여 개 업체 대상).

아직까지도 중국의 지재권이 낙후되었다고 보는 분들이 많기 때문이다. 중국은 어차피 카피천국이므로 지재권을 등록받아도 소용없다고 생각하는 분들이 많은 것이다. 10년 전에는 그랬지만 지금 중국은 많이 변했다. 국내 침해소송에서 특허권자가 승리할 가능성은 30%인데 중국에서는 60%다. 중국 침해소송에서 손해액 인정도 한국보다 높은 편이다.

해외 권리자가 승소하는 비율도 높다. 통계에 따르면 중국 내국기업과 외

국기업의 특허분쟁에서도 외국원고의 승소율이 75%로 중국원고의 승소율
(63%)보다 높다. 최근 혼다CRV 사건에서 중국 최고 인민법원은 일본기업인
혼다의 편을 들어주었다. 혼다가 2004년 신형 CR-V 모델을 출시하자, 중
국의 Shuanghuan이라는 자동차회사에서 이를 모방한 SRV라는 모델을 출
시했다. 이에 혼다가 자사의 중국 디자인권 침해를 이유로 침해소송을 제기
한 사건이었다. Shuanghuan에서도 역으로 혼다의 CRV 디자인권에 대해
무효심판을 제기했는데 결국 혼다의 승리로 마침표를 찍었다.

그래서 최근 IP분야에 있어서 무시할 수 없는 국가가 중국이다. IP분야에
서 중국은 한국, 미국, 일본, 유럽과 함께 세계 다섯 손가락 안에 들고 있다.
중국의 출원건수는 2015년 기준으로 세계 최초로 100만 건을 넘었고, 전 세
계 특허출원의 40%를 차지하고 있다.[37]

그런데 아직도 중국에 특허출원을 해야 하냐고 묻는 분들이 있다. 중국에
수출을 해야 한다면 지재권을 꼭 준비하자.

중국 특허출원 시 주의해야 사항 3가지

첫 번째는 대리인의 품질이다. 한국, 미국, 일본, 유럽 등의 대리인의 품
질이 어느 정도 상향평준화 된 것과는 달리 중국은 대리인들 간에도 품질의
차이가 크다(2020년 기준). 필자도 중국 대리인이 보내온 중간사건의 보고서
를 보고 기가 찬 적이 여러 번 있었다. 중국에서 대리인을 선정할 때 비용을

---

37   중국 환구시보, 2016. 11. 27.

기준으로 하는 건 특허 위험하다고 말하고 싶다.

두 번째는 특허출원을 할 발명의 내용이다. 중국은 컴퓨터 기록매체에 대한 특허를 허용하지 않으므로 청구항에 기록매체가 있다면 삭제할 필요가 있다. 또한, 중국은 BM발명, 비즈니스모델 발명에 대한 특허를 잘 주지 않는 편이다.

다만, 2017년 초 중국에서 개정 특허심사 가이드라인을 통해 SW특허와 BM특허의 특허요건을 완화했다.[38] 중국으로 진출하는 소프트웨어업체라면 지금이 기회가 될 것이다.

세 번째는 번역비용이다. 중국출원을 위해서는 중국어 번역이 필요한데 중국에서 한국어의 번역료가 결코 싸지 않다. 소수언어로 취급되어 영어로 번역하는 것보다 비싼 비용을 받는다. 만약 중국 변리사에게 특허출원을 의뢰하면서 번역까지도 함께 맡기는 경우, 출원비용에 수백 만 원의 번역비가 추가되는 상황이 벌어지기도 한다. 필자가 경험한 바로는 국내에서 번역해서 의뢰하는 것과 비교해 대략 3배 정도의 차이가 나타났다.

중국 특허제도의 특이점

중국 실용신안출원은 중국에서 가장 특이하다고 할 만한 제도다. 대부분의 국가와 달리 무심사주의를 유지하므로, 형식적 요건만 갖추면 등록을 준

---

38   http://www.etnews.com/20170411000057

다. 실용신안의 난이도를 낮게 봐주어서 무효심판에서 무효가 될 가능성도 낮다. 실용신안은 일반적으로 2건 이하의 선행기술만을 인용하도록 절차에서 언급하고 있기 때문이다. 즉, 같은 발명이라도 특허로 등록된 경우보다 실용신안으로 등록된 경우가 무효가능성이 낮다.

출원비용도 특허의 1/3내지~1/4밖에 들지 않는다. 심사주의를 취하는 특허가 22개월 이상 소요되는데 반해 무심사주의인 실용신안은 5~6개월이면 등록받을 수 있다. 더욱이 일본과 달리 실용신안권에 대한 기술평가가 없이도 바로 권리행사를 할 수 있다.

실용신안 권리가 10년만 존속된다는 점을 제외하면 사기성 제도라고 볼 수도 있다. 그래서 중국은 실용신안출원이 활성화되어 있다. 해외기업들의 실용신안도 점점 늘어나는 추세다. 2014년 기준으로 중국에서 실용신안출원은 전체 특허 · 실용신안 출원 236만1,000건 중 86만8,000건으로 36.8%를 차지했다. 우리나라에서 실용신안이 10%대인 것과 비교된다.

실용신안과 특허의 장점을 취할 수 있는 방법도 있다. 실용신안출원과 특허출원을 동시에 하는 것이다. 우선 실용신안등록을 받고, 특허가 허여되면 실용신안을 포기하고 특허등록을 받는 전략을 취하기도 한다. 실용신안권의 기간이 10년밖에 되지 않는 것을 회피하기 위한 전략이다.

또한 중국에서는 세관을 통한 지재권 행정단속이 편리하다. 중국 세관은 수출입 화물에 대해 지재권 침해단속을 실시하기 때문이다. 중국에서 확보한 지재권 권리를 세관에 등기하면 세관 공무원이 해당 지재권 권리의 모조품이 중국 내 수출입이 될 경우, 자발적으로 단속하여 권리자에게 통보한다. 이러한 제도는 우리나라에 있는 세관등록을 통한 수입금지 조치와 유사하다. 하지만 중국세관은 수입금지 뿐만 아니라 수출금지까지도 지원하고 있어서 더욱 강력하다.

마지막으로 팁을 하나 더 주자면, 중국은 지방보호주의가 강해서 지방으로 갈수록 중국기업에 우호적인 판결을 하는 경향이 있다. 그래서 특허소송을 해야 하는 경우 1심을 북경, 상해 등 대도시로 하는 것이 유리하다.

유럽

⩔

유럽공동체 출원이란?

서로 이웃하고 있는 한국과 중국과 일본에 특허를 받기 위해서는 각각의 국가에 특허출원을 하고, 각 국가에서 중간사건에 대응하고, 각 국가에서 등록결정을 받아야 한다. 설사 PCT출원을 한다고 하더라도, 각 국가에서 진입신청, 중간사건에 대한 대응, 등록결정을 필요로 한다.

그런데 서로 이웃하고 있는 영국과 프랑스와 이탈리아에 특허를 받기 위해서는 유럽특허청(EPO)을 통해 특허를 출원하고 특허결정을 받으면 된다. 그러면 영국과 프랑스와 이탈리아는 자국에서 특허결정을 받은 것과 비슷한 취급을 해준다.

유럽에는 유럽공동체출원이 있기 때문에 발생하는 차이이다. 유럽에서 공통 화폐인 유로화를 쓰고 있듯이 유럽은 통합기구인 유럽특허청을 가지고 있다. 유럽특허청에서 특허결정을 받게 되면 그 효력은 유럽의 각 개별 국들에게도 적용된다.

유럽공동체 출원의 장점은 명확하다. 유럽특허청에 하나의 출원서만 제출하면 되고, 유럽 특허청에서 심사를 통과하면 모든 국가에서 특허결정이 난 것과 같은 효과를 얻을 수 있다. 즉, 유럽특허청에서 등록결정을 받은 후에는 효력이 발생하기를 바라는 개별국에 번역문을 제출하고 연차료를 내기만 하면 해당국들에서 보호를 받을 수 있다. 이를 유효화(validation)라고 한다.

유럽공동체 출원의 절차는 조금 특이하다. 유럽특허청(EPO)에 출원서를 내고 절차심사를 통과하면 특허성에 대한 판단을 포함한 '서치리포트'가 발행되고, 특허공개가 된다. 심사료를 내면 실체심사가 진행되고, 여기에서 거절이유통지 등을 잘 극복하면 특허결정 및 공고가 진행된다.

유럽특허청에 제출하는 언어는 영어, 프랑스어, 독일어 중에서 선택할 수 있으나, 개별국에서 특허권의 효력을 갖기 위해서는 각 개별국의 언어로 특허결정 공고일로부터 3개월 이내에 명세서 번역문을 제출해야 한다.

유럽에만 있는 특이한 제도 유효화(validation)란?

유럽특허청의 심사를 거쳐 유럽특허로 등록이 되더라도 개별국의 언어로 번역된 명세서를 제출하고 비용을 납부해야만 한다. 즉, 특허결정까지의 과정은 유럽특허청(EPO)에서 진행하고, 특허결정 이후 번역문 제출 및 연차료에 대한 과정은 개별국에서 진행한다. 이를 유효화라고 한다. 특허공고일부터 3개월 이내 각 지정국에 진입하며 유효화 절차를 진행하고, 각 지정국에 연차료를 내면서 개별국별로 특허가 관리된다. 이렇게 개별국별로 관리되는 특허를 Bundle Patent이라 한다. 유럽특허등록이 되더라도 유효화를 한 국가를 제외한 다른 유럽 지역에서는 특허권이 없다는 사실을 유념해야 한다.

유럽의 모든 국가마다 유효화를 하면 좋겠지만 그 비용이 만만치 않다. 한 국가에 제출되는 번역문을 작성하는 데에만 300유로 내지 1,000유로 이상의 비용이 든다. 물론 나중에 AI가 발달해서 기계번역으로 처리할 수 있다면 훨씬 더 저렴해 질 것 같지만 현재로서는 전문 번역사들이 처리하고 있다. 또한 지정된 각국에서 매년 발생하는 연차료도 무시할 수 없는 수준이다. 그러므로 유럽특허청에서 특허결정을 받았다고 하더라도 가능한 모든 국가(약 28개국)에 대해서 유효화를 해버린다면 엄청난 번역비와 막대한 연차료를 부담하게 된다. 그래서 한국 대기업들도 일반적으로 꼭 필요한 몇 개국에만 유효화를 하는 편이다.

유럽에 새롭게 도입된 단일특허제도(Unitary Patent)

단일특허(Unitary Patent)제도는 유럽특허청(EPO)에 영어, 독어, 불어 중 1개의 언어로 작성된 출원서를 제출해 특허로 등록되면 EU 회원국 전체에서 특허 권리 행사가 가능한 제도다. 이 새로운 제도의 시작은 2022년으로 예상된다.

특허공고일부터 1개월 이내 유럽특허청에 단일특허보호를 위한 청구서 (Request for unitary protection)를 제출하면 청구항이 영어, 불어, 독일어로 번역된 경우 EU가입국 중 이탈리아와 스페인이 빠진 25개국에 동일한 효력을 갖게 된다. 유럽특허청에 연차료를 내고, 통합특허법원에서 특허의 유무효 및 특허침해분쟁을 다투며 단일특허로 관리한다.

유럽특허청과 홍콩특허와의 관계

유럽특허청에서 특허결정을 받으면 홍콩에서도 쉽게 특허권을 획득할 수 있다. 홍콩은 유럽특허청에서 특허결정을 받은 특허에 대해서 특허를 인정하기 때문이다.

유럽특허출원의 출원공개일(번역문공개일 포함)부터 6개월 내 홍콩 지식재산부 특허등록처에 표준특허(Standard Patent)로 기록청구(Request for the registration)를 하고, 추후 유럽특허등록 후 6개월 내에 홍콩특허허여청구(Request for the grant of the Hong-Kong patent)를 하면 된다. 홍콩 표준특허는 최대 20년의 보호가 제공된다.

일본

⥥

한국과 너무 비슷한 일본의 특허 제도

우리나라의 지리적 위치나 수입, 수출량을 고려할 때 일본의 특허취득은 매우 중요하다. 그런데도 일본을 가장 마지막에 설명하는 이유는 일본특허법과 한국특허법이 상당히 유사하기 때문이다. 앞에서 설명한 미국, 유럽, 중국 등의 국가와 비교하면 일본특허법은 한국특허법과 쌍둥이로 보일 정도이다. 우리나라 특허법이 일본특허법의 영향을 크게 받은 원인도 있을 것이다.

일본에 특허를 출원하는 경우 일본어로 명세서를 작성하여 출원하는 것이 원칙이다. 다만, 우리나라에서 영어로 특허명세서를 작성해 출원하고 일정 기간 내에 한국어 번역문을 낼 수 있는 것과 마찬가지로, 일본도 영어로 출원하고 2개월 내에 일본어 번역문을 제출할 수도 있다. 물론 출원비용은 조금 비싸진다(14,000 JPY -> 22,000 JPY)

심사청구기간도 우리나라와 마찬가지로 3년이고(한국이 2017년부터 5년에서 3년으로 변경되어 동일해졌다), 특허청 관납료를 계산하는 방식도 비슷하다. 출원료는 고정비용이나, 심사청구료, 등록료, 연차료 모두 청구항의 개수를 기준으로 청구된다. 일본도 한국과 마찬가지로 기본료를 작게 잡고 개개 청구항마다 비용을 추가하는 방식이다. 다만, 일본의 관납료는 한국에 비해 상당히 비싼 편이다. 2020년 기준으로 심사청구비용의 기본료가 일본은 138,000 JPY (약 120만 원)인데, 한국은 143,000원이다.

일본의 거절이유 통지방식 또한 우리나라와 상당히 유사하다. 그래서 일본에서 거절이유가 통지되는 경우 번역만 잘 한다면 국내대리인이 대응방안을 작성하는 데에는 큰 무리가 없다. 일본의 대리인 비용은 상당히 비싼 편이므로, 이런 방식으로 비용을 아낄 수 있다.

한국과의 차이점에 주의하자

이제 몇 가지 차이점을 파악해 보자. 출원 시 신규성 상실의 예외를 위한 유예기간이 한국과 달리 6개월이다. 반면 한국은 12개월이다. 출원 전에 발명을 공개한 사정이 있다면 어떻게든 6개월 내에 출원해야 한다는 의미이다. 더욱이 한국과 달리 출원 시에 신규성 상실의 예외에 대한 증거자료를 제출해야만 한다.

일본은 미국과 달리 추가비용 없이 다중인용종속항을 허락해주고 있다. 예를 들어, 청구항 3항이 1항과 2항을 인용하고 있다면 청구항 3항은 다중인용종속항이다. 그런데 우리나라는 다중인용종속항이 다시 다중인용을 하는 경우 거절이유를 통지하지만, 일본은 이것마저도 허락해주고 있다. 그러므로 전체 청구항 구조를 조금 손질하면 청구항의 수를 줄여서 일본에서의 심사청구료, 등록료, 연차료를 아낄 수 있다.

이 책을 보시는 분들은 이미 뉴스 등에서 변리사와 변호사의 특허침해소송대리권을 둘러싼 갈등을 가끔 보았을 것이다. 개인적으로 변리사가 특허침해소송에 참여할 수 없는 점에 대해 항상 아쉬움을 가지고 있었다. 특허침해소송이 변리사가 하고 있는 많은 일들과 연관되기 때문이다. 이 장을 통해 짧게나마 변리사로서의 입장을 밝혀본다.

변리사법 8조는 '변리사는 특허, 실용신안, 디자인 또는 상표에 관한 사항의 소송대리인이 될 수 있다'고 규정한다. 그래서 변리사들은 출원업무 뿐만 아니라 특허심판과 특허소송까지 특허에 관련된 대부분 사건의 대리를 하고 있다. 예를 들면 발명자는 변리사를 통해 특허출원을 하고, 중간사건을 함께 진행하며 특허등록을 받는다. 등록 후 침해자가 있는 경우, 변리사는 특허권자를 대리해 권리범위심판을 제기하기도 하고, 무효심판이 청구되는 경우 심판에서 방어를 한다. 특허의 권리범위나 무효여부에 관한 심판에 항소가 되면 그 심결취소소송을 특허법원에서 변리사가 대리하고 있다.

반면에 특허에 관한 소송 중 침해소송은 변리사가 대리를 할 수 없는 것이 현실이다. 변리사법 8조의 '특허에 관한 사항의 소송대리인'을 '심결취소소송에 관한 소송대리인'으로 법원이 한정하여 해석하고 있기 때문이다. 특허소송은 크게 특허법원을 통해 진행되는 특허무효심판, 권리범위확인심판에 대한 심결취소소송과, 일반민사법원을 통해 진행되는 특허침해소송으로 구분되는데, 그 중 민사법원을 통해 진행되는 특허침해소송에 대해서는 변리사가 대리를 할 수 없는 것이다.

이에 따른 결과로 흔히 일어나는 경우는 다음과 같다.

변리사가 특허출원을 대리한 사건이 있다. 그 특허의 등록 후, 변리사가 적극적 권리범위심판을 수행하고 심판에서 이겨서 상대방의 침해제품이 특허권의 권리범위 내에 속한다는 판단을 받았다. 무효심판에서도 이겨서 특허가 유효하다는 판단도 받아놓고, 이에 불복한 상대방에게 특허법원의 심결취소소송까지 승소했다. 그런데 특허침해소송을 제기해서 마지막 결론을 내리고 하니 지금까지 사건을 수행한 변리사에게 침해소송 대리권이 없다는 것이다. 고객은 지금까지 잘해온 대리인을 순식간에 잃어버리고, 담당 변리사는 사건을 끝까지 책임지지 못한다는 자책감을 느끼며 사건을 떠나보내야 한다.

당사자는 다시 소송을 처음부터 수행할 변호사를 찾아야 한다. 그런데 해당기술을 전공했고, 특허소송에 경험이 많은 변호사가 흔할까? 특허침해소송은 기술이 쟁점이라 공학전공이 아니면 어렵다.

공학을 전공했다고 하더라도 1년에 특허침해소송이 백여 건 뿐이므로 경험해볼 기회가 많지 않다. 더욱이 사안이 복잡해서 소송에 시간도 많이 걸리고 인용금액도 작아서 인기있는 소송이 아니다.

그래서 공학을 전공하고 특허사건을 주로 다루며 특허소송에 경험이 많은 변호사는 찾기 쉽지 않다. 그중에서 해당 분야와 일치하는 전공을 가진 변호사를 또 찾아야 한다. 정말 어렵게 적임자를 찾았다고 해도 이분들이 다시 사건을 검토하는데 드는 비용이 결코 만만치 않다. 특허명세서, 중간사건의 진행기록, 관련심판, 관련소송을 처음부터 모두 다시 검토해야 하는데, 개인이나 중소기업은 감당할 수 없는 비용이다.

그래서 우리나라 중소기업이 침해소송에서 대기업을 이기는 경우는 극히 드물다. 특허청이 작성한 '손해배상제도 개선을 위한 특허침해소송 판결 동향분석'에 따르면 2009년~2013년까지 중소기업이 대기업을 상대로 제기한 특허침해소송(가처분 신청 포함) 36건 가운데 4건만 승소해 중소기업의 패소율이 89.9%로 나타났다. 특히 본안소송까지 진행한 20건 가운데 중소기업이 승소한 사례는 단 한 차례도 없는 것으로 집계되었다. 지금의 현실을 고려한다면 이해가 되는 수치이다.

이렇듯 변리사가 침해소송을 수행하지 않으면 당사자의 보호에 문제가 생긴다.

변리사가 특정 특허에 대한 출원, 중간사건, 등록이라는 절차를 거치고 그 특허에 관련된 심판, 권리범위나 무효여부에 관한 소송까지도 수행했다면 그 특허에 관한 침해소송을 가장 잘 수행할 수 있는 사람은 바로 그 변리사가 아닐까. 그런데 특허에 관한 침해소송을 변리사는 할 수 없다. 그 침해소송이 다른 심판이나 소송과 관계가 없으면 좋겠지만 그 침해소송은 지금까지 해온 특허출원, 중간사건, 관련심판, 관련소송 등의 종합적인 결과물이다. 특허침해소송에서는 기존 심판이나 심결취소소송에서 판단한 특허의 무효여부, 권리범위에 속하는지 여부 등이 모두 쟁점이 된다. 지금의 현실은 국가가 특허침해소송을 가장 잘 할 수 있는 전문가들을 벤치에 계속 앉혀 놓는 것과 같다.

변리사는 특허에 관련된 소송경험을 다른 어떤 자격사보다도 많이 가지고 있다. 특허에 관한 심판사건의 심결취소소송을 대부분 수행하기 때문이다. 변리사가 수행하는 특허에 관한 심결취소소송도 민사소송 규정이 준용되어 변론, 증인신청, 감정, 서증 등의 규정이 모두 적용된다. 설령 침해소송을 위해 추가로 필요한 지식이 있다고 해도 이미 소송을 대리하던 자가 이 지식을 습득하지 못할까? 정말로 교육이 필요하다면 일정기간 연수를 받게 하면 충분할 것이다. 오히려 해당기술과 특허를 모르는 이가 특허소송을 수행하는 것이 훨씬 더 위험하다고 본다.

과거에 특허소송을 수행하는 변호사는 기술을 이해할 필요가 없다는 말을 들은 적이 있다. 기술을 잘 알고 있는 발명자나 기술심리관 등을 이용하면 된다는 것이다. 정말 그럴까? 특허소송의 준비서면만 보아도 적혀 있는 내용 중에 절반은 공학기술에 관한 내용이다. 변론 중에 절반 이상은 기술의 차이 등에 대한 설명이나 질문에 할당되는데, 변호인이 모르면 누가 대답을 할까.

2015년 대전 특허법원에서 열린 국제 특허법원 컨퍼런스에서 미국 판사의 말이 인상적이었다. 미국에서 판사가 이공계가 아닌데도 어떻게 특허소송을 잘 진행할 수 있느냐는 질문에, 그 미국판사는 "특허변호사가 기술을 잘 이해하고 있으므로 자신들이 이해할 수 있도록 해준다"는 답변을 내놓았다. 다들 수긍하는 분위기였다. 그때만큼은 미국이 부러웠다.

더욱이 특허명세서에 관련된 문제도 있다. 변리사가 침해소송을 수행해야 명세서의 품질이 더 좋아진다. 미국에서는 특허변호사들이 지식재산권 분야에 종사하며 직접 특허명세서를 작성하고, 특허소송에 참여한다. 특허소송에서 받은 피드백은 특허명세서에 계속 반영되어 특허명세서의 품질이 계속 좋아진다. 즉 소송을 위한 계약서의 품질이 계속 올라가는 것이다.

그런데 우리나라에서 명세서 작성을 하는 변리사들은 현재 특허침해소송을 대리할 수 없다. 추후 침해소송에서 유리하게 명세서를 작성하는 기술이 부족해질 수밖에 없는 것이다. 국내에서 변리사들에 의해 작성된 특허명세서는 영문 등으로 번역되어 세계 각국에 특허로 등록된다. 그래서 특허명세서의 품질은 그 국가의 특허기술의 경쟁력이다. 그래서 변리사가 침해소송을 대리할 수 없는 지금의 현실이 안타깝다는 것이다.

결국 변리사가 특허침해소송에 참여하지 못한다면, 당사자의 보호에 문제가 생기며, 중소기업은 특허침해소송을 어떻게든 기피하게 될 것이고, 특허명세서의 품질은 미국을 따라잡지 못할 것이다. 나아가 지금 같은 상황이 계속된다면 우리나라 특허의 국가경쟁력은 계속 선진국들에 못 미칠 수 있다.

과거에 변리사가 특허의 무효 등에 관한 소송은 대리할 수 있으나 특허침해소송을 대리할 수 없다는 논리는 주로 특허침해소송이 특허법원이 아닌 민사법원에서 진행되는 소송이므로 변호사가 대리해야 한다는 입장이었다. 그런데 2014년에 특허침해소송의 항소심이 특허법원 전속관할로 바뀌었다. 특허사건은 전문적인 특허법원에서 다뤄야 한다는 취지이다. 그러므로 그 논리는 힘을 잃었다고 본다.

최근 변리사·변호사의 공동대리가 다시 논의되고 있다. 침해소송 단독대리를 주장하는 변리사와 침해소송의 변리사 대리불가를 주장하는 변호사 간의 절충적 입장일 것이다. 변호사가 침해소송에서 기본으로 대리를 하고, 당사자가 원하는 경우에는 변리사·변호사가 공동으로 대리를 할 수 있다는 내용이다. 변호사와 변리사가 함께 공생할 수 있는 길이라 생각한다. 나아가 소송을 하는 당사자가 원한다는데 만약 이마저도 막는다면 법률소비자의 선택권 침해가 아닐까? 일본은 이미 2002년에 법 개정을 통해 공동소송대리를 도입했다.

20대를 비롯해 국회에서 수차례 변리사 소송 대리를 인정하는 법안이 발의되었지만 번번이 논란으로 이어져 정작 심도 있는 논의는 이뤄지지 않았다. 변화가 있기를 기원해 본다.

SPEAK
PATENT

작은 기업들이 특허를
더 잘 이해하기를 바라며...

변리사가 된 후 내 첫 직장은 외국사건을 전문으로 하는 특허법인이었다. 그곳에서 처음 맡은 사건은 특허의 절대강자 퀄컴이 한국에 출원한 특허였다. 그들은 한 달에도 백여 건의 특허를 한국에 출원했다. 그 특허출원들은 워낙 준비가 잘 되어 있어서 중간사건만 잘 대응해도 쉽게 등록이 되었다. 기업의 특허 관리에 경외감을 가지던 시절이었다.

그리고 회사를 옮긴 곳은 국내 대기업의 사건을 주로 처리하는 특허법인이었다. 그곳에서는 삼성전자의 국내 특허출원과 해외 특허출원, 중간사건을 주로 맡았다. 삼성이 출원하는 사건들의 수와 그 스케일에 감탄하던 시절이었다. 처음으로 특허명세서를 쓰는 일은 쉽지 않았고, 해외출원 덕분에 일은 더 복잡해졌다. 하지만 명세서 작성법과 미국, 유럽, 일본, 중국 등의 대리인들과 일하는 법을 충실하게 배울 수 있었다.

그 후 회사를 또 옮겼다. 중간 규모의 외국기업들의 국내사건과 다양한 규모의 국내기업들의 사건을 처리하는 중견 규모의 특허사무소였다. 이곳에서는 특허부서의 장으로서 외국기업의 국내 사건들과 국내기업의 해외 사건들을 주로 맡았는데, 출원과 중간사건뿐만 아니라 등록 후의 분쟁 사건, 상담 사건 등이 모두 내 차지였다. 마치 전장에 투입된 장수 같았다. 정말 살아남기 위해 많은 조언을 구하고, 많은 책을 읽었던 시기였다. 그리고 시간이 지나서, 나는 특허사무소를 열었다.

회사를 옮김에 따라 고객의 사업 규모는 점점 작아졌지만 내 일은 점점 복잡해져 갔다. '왜 이렇게 했을까?'라고 자문하게 만드는 안타까운 일들이 많았기 때문이다. 특허 도사인 퀄컴이나 삼성과는 달리 국내 중소기업들은 특허에 너무 무지한 경우가 많았다.

그들은 출원 기간을 놓쳐서 특허출원을 못 하거나, 출원 전에 발명을 공개해서 특허가 무효가 되기도 했다. 연구개발을 다 하고 나서 출원을 의뢰했는데 그 기술과 똑같은 특허나 논문이 발견되기도 했다. 해외에 수출하면서 뒤늦게 특허를 받으려는 경우도 있었다.

최근에는 우수제품 등의 심사에 참여하며 여러 중소기업의 등록된 특허를 자주 보게 되었다. 우수제품에 선정되려면 제품에 특허가 적용되어야 하는데 특허가 제품과 매칭이 되지 않아 심사에서 탈락하는 경우가 많았다. 처음으로 심사에 참여한 날이었다. 작은 기업의 발표가 끝난 후 특허가 제품과 매칭이 되지 않는다는 사실을 지적했는데, 참여한 기업의 대표가 이를 너무 쉽게 인정해버렸다. 그날 집에 와서 내가 기업 하나를 떨어뜨렸다는 자책감에 하루를 앓았다.

중소기업의 사례에서 공통점으로 발견되는 점은 '특허에 대한 무지'였다. 의도하지는 않았겠지만 기업 대표나 실무자들이 특허에 대해 모르는 경우가 너무 많았다. '그 회사에 전문인력이 하나만 있었어도…', '그 회사 사장님이 특허를 조금만 더 아셨어도…' 하는 안타까움이 들곤 했다.

또한 중소기업의 특허를 담당하다 보면 담당자에게 특허제도를 한참 설명해야 할 때가 많았다. 그렇지만 많은 내용을 짧은 시간 내에 전달하기란 쉽지 않았다. 적당한 책을 추천해주고 싶었는데 필요한 내용을 쉽게 설명한 책을 찾기도 힘들었다. 벌써 몇 년 전 일이다. 그때의 경험은 내가 이 책을 쓰도록 이끌어 주었다.

이 책이 특허를 어려워하는 개인이나 기업들에게 편안한 시작점이 되었으면 좋겠다.

SPEAK
PATENT